청소년이 만드는 28 가지 행복한 변화

10대, 세상을 디자인하다

이 책은 *The Teen Guide to Global Action: How to Connect with Others (Near and Far) to Create Social Change*를 한국어로 번역한 책입니다. 소금창고 편집부는 한국 청소년들의 이해를 돕기 위해 저작권사의 동의하에 원서의 내용을 빼거나 더해서 새롭게 편집했습니다. 한국어판 발간에 도움을 주신 국제개발협력민간협의회 전지은, 이지연 선생님께 감사드립니다.

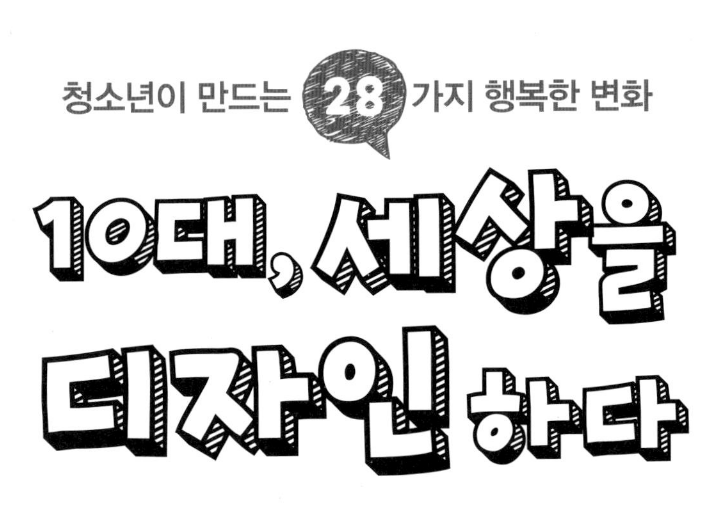

바바라 A. 루이스 지음 | 정연진 옮김

전 세계 방방곡곡에 있는 용감한 10대들에게 이 책을 바칩니다. 여러분의 재능과 능력을 믿으세요. 세계적인 문제와 씨름해야 할 책임이 여러분에게 있다고 생각해서는 안 되겠지요. 하지만 그렇다고 해서 문제의 해결책을 찾는 과정에 여러분이 관여할 자리가 없다고 생각해서도 안 됩니다. 오늘날 많은 어른들이 여러분의 목소리와 사고력을 전보다 훨씬 더 존중하고 있습니다. 청소년 운동에 대한 자신감을 기른다면, 여러분은 세계적인 소셜 디자이너가 되어 사회에 긍정적인 변화를 일으킬 수 있는 권한을 갖게 될 것입니다. 10대들이 꿈과 이상을 가지고 성실함과 열정으로 사회참여의 힘을 키우는 한, 그것을 지켜보는 어른들은 청소년을 지지해줄 것입니다. 그렇지 않으면 이 세상이 밝은 미래로 비상하는 모습을 볼 수 없을 테니까요.

다음과 같은 분들에게도 이 책을 바칩니다. 첫 번째는 벤자민 퀸토. '세계청소년행동네트워크'를 설립한 용감한 청소년입니다. 벤자민은 통찰력 있는 지도자로서, 청소년이 이 사회에 목소리를 내고 긍정적으로 참여하며 권리를 누릴 수 있도록 힘쓰고 있습니다. 벤자민은 10대들의 이야기와 여러 가지 정보를 아낌없이 나누어주었습니다. 또한 수차례에 걸쳐 나와 생각을 주고받았습니다. 벤자민이 이렇게 인내심을 가지고 도와주었기에 이 책을 만들 수 있었습니다. 벤자민은 바람직한 청소년 운동의 상징입니다. 두 번째로 이 책에서 특별히 다룬 청소년 모두에게 이 책을 바칩니다. 이들은 우리의 세상을 더 살기 좋고 안전한 곳으로 만들기 위해 몸과 마음을 다했습니다. 세 번째로는 현재 나의 손주이자 앞으로 태어날 손주들인 조던, 앤드루, 애덤, 매디, 클로이, 앤더슨, 리지, 루비입니다. 이 아이들은 이미 저의 세상을 더 행복하게 만들어주었답니다. 끝으로 스카일러, 알렉사, 티아나에게 이 책을 바칩니다.

또한 다음과 같은 분들에게 특별히 감사의 말을 전합니다. 주디 갤브레이스. 진실함과 연민의 모범을 보여주는 한편, 뛰어난 유머 감각도 유지하고 있는 사람입니다. 더글러스 펠런. 조언을 해주고, 늘 변함없이 도와주고, 좋은 아이디어를 내주고, 참고 이해해줘서 고맙습니다. 이 책을 위해 자신들의 이야기를 공유해 준 여러 단체들, 특히 '테이킹아이티글로벌' '국제로터리클럽', 실비아 골럼빅과 '미국청소년봉사단', 인도의 '플랜인터내셔널' '미래문제 해결프로그램' '옥스팜' '유니세프 청소년의목소리' '국제스페셜올림픽', 그리고 '프리더칠드런'에게 고마움을 전합니다.

저자 바바라 A. 루이스로부터

차례

1부 소셜 디자인의 첫걸음

*** 소셜 디자이너란?**
소셜 디자이너란 소셜(social)과 디자이너(designer)의 합성어로, 사회의 의식, 제도, 관계 등을 바꾸기 위해 밑그림을 그리는 사회혁신가를 말합니다. 내가 원하는 세상을 디자인하는 누구라도 소셜 디자이너가 될 수 있습니다.

어떤 문제나 부당한 일에 대해 들었을 때 "내가 뭔가 할 수 있는 일이 있다면 좋을 텐데…" 하고 생각해본 적이 있나요? 그렇습니다. 누구나 한 번쯤은 고민해봤을 문제죠. 틀림없이 여러분들이 할 수 있는 일이 많이 있습니다. 배려심 많고 헌신적인 청소년들이 지금 세계 곳곳에서 더 나은 미래를 위해 노력하고 있습니다. 그리고 여러분도 그렇게 할 수 있습니다.

실제로 10대 청소년들은 자원봉사나 사회운동에 가장 활발하게 참여할 수 있는 사람들입니다. 미국에서는 해마다 1,500만 명의 청소년들이 지역사회의 단체를 통해 자원봉사를 하고 있습니다. 혼자 힘으로 다른 사람을 돕고 사회를 변화시키고자 애쓰는 사람들도 많지요. 다른 사람을 돕는 일에 참여하고 있는 10대들이 미국에만 있는 것이 아닙니다. 전 세계적으로 일어나고 있는 모든 청소년 운동이 변화를 일으키고 있습니다.

그렇다면 청소년들은 어떤 방식으로 사회에 참여하고 있을까요?

미국 버지니아 주 애쉬번의 7학년(한국 학제로 중학교 1학년) 학생인 잭 헌터는 '사슬을 푸는 동전'이라는 캠페인을 시작했습니다. 잭의 단체는 현대판 노예제도를 폐지하는 일에 헌신하고 있지요. 아프가니스탄의 주흐라 바흐만은 자기 마을에 사는 소녀들 가운데 극소수만이 학교에 다닐 수 있다는 사실에 문제의식을 가지게 되었고, 여성들에게 더 많은 교육 기회를 제공하는 단체를 운영하기 시작했습니다. 또 인도의 켄드라파라에 사는 죠티르메이 모하파트라는 교육을 통해 여성의 삶을 개선하기 위해 '네이처스클럽'이라는 단체와 함께 일했으며, 여성과 아동의 권리를 향상시키는 것을 목적으로 하는 '미나클럽'을 설립했습니다. 지금은 수천 명의 사람들이 이 단체에서 자원봉사를 하고 있고, 인도 전역에 300개가 넘는 '미나클럽'들이 있습니다.

세계 각국의 10대 청소년들은 가장 가까운 학교 안에서부터 자신들이 살고 있는 마을이나 도시, 더 나아가서는 전 세계를 누비며 자신들의 목소리를 내고 있습니다. 작게는 지역의 노인들이나 아동을 돕는 사회봉사를 하기도 하고, 어떤 문제나 부당한 일을 바로잡기 위해 스스로 단체를 만들거나 단체에 가입해 활동을 하기도 합니다. 인권이나 교육, 환경 등 시사 문제에 대해서 발언하기도 하고, 다른 나라의 가난한 아동과 여성들을 보호하기 위해 모금 활동을 벌여 그들을 돕기도 합니다. 심지어는 열 몇 살의 어린 나이에도 불구하고 이주민 학생들을 위한 법안을 통과시키는 청원 활동을 벌이는 등 어른들의 세계일 것만 같았던 의회에서의 정치 참여도 서슴지 않습니다. 놀라운 일이죠.

얼마나 많은 10대 청소년들이 사회운동과 봉사에 참여하고 있을까요? 정확한 수치를 계산해내기는 힘들지만, 해마다 '세계 청소년 자원봉사의 날'에 수백만 명의 청소년들이 참가하고 있습니다. 예를 들면, 2006년에 '청소년 자율권을 위한 이라크민주주의연합'은 환경 미화 프로젝트를 계획하고 바그다드에 살고 있는 수십 명의 학생들을 모았습니다. 또 미국 캘리포니아에서는 '해비타트'가 이슬람교도, 유대교도, 기독교도 등 다양한 종교인들을 하나로 모아 가난한 사람들에게 제공해주기 위한 주택을 지었습니다. 이 사례들은 세계적인 비정부기구(NGO)들이 후원하는 수많은 글로벌 프로젝트들 가운데 몇 가지일 뿐입니다. 10대 청소년들이 참여하는 더 많은 글로벌 프로젝트들이 세계 곳곳에서 사회봉사 활동을 활발하게 벌이고 있다는 말이죠.

이 10대들의 공통점은 무엇일까요? 그들 모두가 국가를 넘어 전 지구적으로, 세상을 더 나은 곳으로 만들기 위해 도움의 손길을 내밀었다는 점입니다. 이들은 더 나은 미래를 만들겠다는 꿈을 이루어가고 있습니다. 잭과 주흐라, 죠티르메이는 결코 혼자가 아닙니다. 더욱더 많은 10대들이 자신들이 속한 공동체뿐만 아니라 집에서 멀리 떨어진 곳에서도 함께하고 있습니다. 그중에 몇몇은 세계 각국에서 수천 명의 사람들이 지원하고 있는 거대한 단체들이 공정하게 활동하는지를 감시하기도 합니다. 혹시 이런 이야기가 어렵거나 두려운 일이라고 느껴진다면, 이 활동들이 대부분 작은 일에서 출발했다는 점을 알아두었으면 합니다. 봉사 시설에 한번 방문하거나, 세계 난민 위기에 대해 조사하거나, 열대우림 보호를 지지하는 일에 동참하는 일들 말입니다.

중요한 것은 어떤 방식의 사회참여든 여러분이 선택한 것을 실행에 옮길 수 있다는 점입니다. 어떤 학생들은 세계의 특정한 지역에서만 개발이나 사회참여가 필요하다고 여깁니다. 하지만 실제로는 각 나라와 지역마다 그곳에서 맞서야만 하는 크고 작은 도전 과제들이 있습니다. 크든 작든, 혼자서든 단체와 함께든, 어떤 규모라도 상관없습니다. 반드시 자신만의 단체를 만들어야 하거나 지구 반대편으로 날아가 변화를 일으켜야 하는 것은 아닙니다. 물론 이런 활동은 정말로 훌륭한 일이겠지만 말이죠. 여러분이 속한 지역사회를 개선하기 위해 여러분이 행동으로 옮길 수 있는, 작지만 중요한 일들을 많이 찾을 수 있을 것입니다. 우리가 누구이건 어디서 살건 더 나은 삶을 이루어낼 수 있다는 것을 명심하는 것이 중요합니다.

청소년들의 사회참여가 중요한 이유

오늘날에는 그 어느 때보다도 많은 청소년들이 더 나은 미래를 디자인하는 데 관심을 보이고 있습니다. 이유는 여러 가지겠지요. 그중에 하나는 나라가 발전할수록 개인의 권리가 더 많이 보장된다는 점입니다. 과거에 비해서 잘못된 문제나 불의, 부당한 일에 대하여 더 많이 인식하게 되었고, 더 많은 사람들이 불의를 바로잡고 정의로운 사회를 만들고자 힘쓰고 있습니다. 또 다른 중요한 요인으로 매스컴의 등장을 꼽을 수 있습니다. 텔레비전, 인터넷, 그 밖의 새로운 기술을 이용한 매체들이 멀리 떨어져 있는 사람들도 편리하게 소통할 수 있게 만들어주었죠. 이제는 간단히 TV를 켜거나 웹사이트를 클릭하는 것만으로 전 세계에서 벌어지고 있는 상황을 알 수 있습니다.

또한 인터넷은 컴퓨터 앞에 앉은 채로 사회참여를 할 수 있는 새로운 기회를 제공하고 있습니다. 사회운동의 목적을 알리거나 해결책을 찾아내기 위해 다른 사람들에게 메일을 보내거나 블로그를 방문해서 홍보하는 등 온라인으로도 의견을 표명할 수 있습니다. 또 트위터나 페이스북 등 소셜 네트워크 서비스(SNS)를 이용해 새로운 방식으로 의사소통을 할 수 있습니다. 유투브에 동영상을 공유하거나, 단체를 만들거나, 화상 회의를 통해 세계적인 회의를 개최할 수도 있습니다. 이 밖에도 인터넷을 이용해 세계적인 사회 변화에 지지를 보낼 수 있는 방법은 셀 수 없이 많고, 머지않아 더 많은 방법들이 생겨날 것입니다.

자원봉사와 사회운동을 했을 때 가장 좋은 점은 여러분이 이 세상에 긍정적인 변화를 일으킬 수 있다는 것입니다. 그리고 이 일은 여러분 자신에게도 매우 유익합니다. 친한 단짝 친구를 사귈 수도 있으며, 다른 사람들과 다른 문화에 대해 배울 수도 있습니다. 이 과정은 재미와 즐거움으로 가득 차 있을 것입니다. 무엇보다도 새로운 재능을 개발하고 기술을 익힐 수 있으며, 새로운 관점으로 사회와 스스로의 삶을 바라볼 수 있게 됩니다. 단체를 만들거나 단체에 속해서 리더가 된다면 자신감과 통솔력을 쌓을 기회를 더 많이 갖게 된 것입니다. 스스로의 봉사와 운동이 긍정적인 변화를 일으킨다면 자긍심과 보람을 느끼게 될 것입니다.

I'm 소셜 디자이너!

우리는 놀라운 세계에서 살고 있습니다. 우리가 살고 있는 지구는 다양한 사람들로 가득한, 경외심을 불러일으키는 행성이 분명합니다. 지구는 우리 모두를 떠받치고 있으며, 우리가 숨 쉬고 먹고 행복하게 살 수 있게 해주는 그릇입니다. 그러니 당연히 우리 삶의 터전인 지구는 보살핌을 받아야 하며, 이곳에 사는 사람과 자원도 보호받아야 합니다. 환경을 보존하는 일이든, 공공의 안전을 지키는 일이든, 동등한 기회를 보장하는 일이든, 여러분 스스로가 기여할 수 있는 자리를 찾기 바랍니다.

많은 청소년들이 여러분보다 앞서 실천했고 세계 각지에서 많은 변화를 일으켰습니다. 이 책은 그런 용기 있는 10대 청소년들의 28가지 이야기를 담고 있습니다. 그리고 각자의 관심 분야에서 사회를 변화시키기 위해 힘쓰는 사람들을 소셜 디자이너(social designer)라고 부릅니다. 여러분도 10대 소셜 디자이너들의 생생한 이야기를 읽고 의지와 용기가 생겨났으면 합니다. 세상에는 아직 영향을 끼칠 수 있는 기회가 셀 수 없을 만큼 많이 남아 있기 때문입니다. 이미 존재하는, 또는 여러분이 직접 찾은 기회를 잘 활용해서 지구라는 행성을, 여러분이 살고 있는 마을을, 보다 아름답게 바꿀 수 있기를 바랍니다. 자, 그럼 지금부터 소셜 디자이너가 되는 법을 알아볼까요?

소셜 디자인 4단계

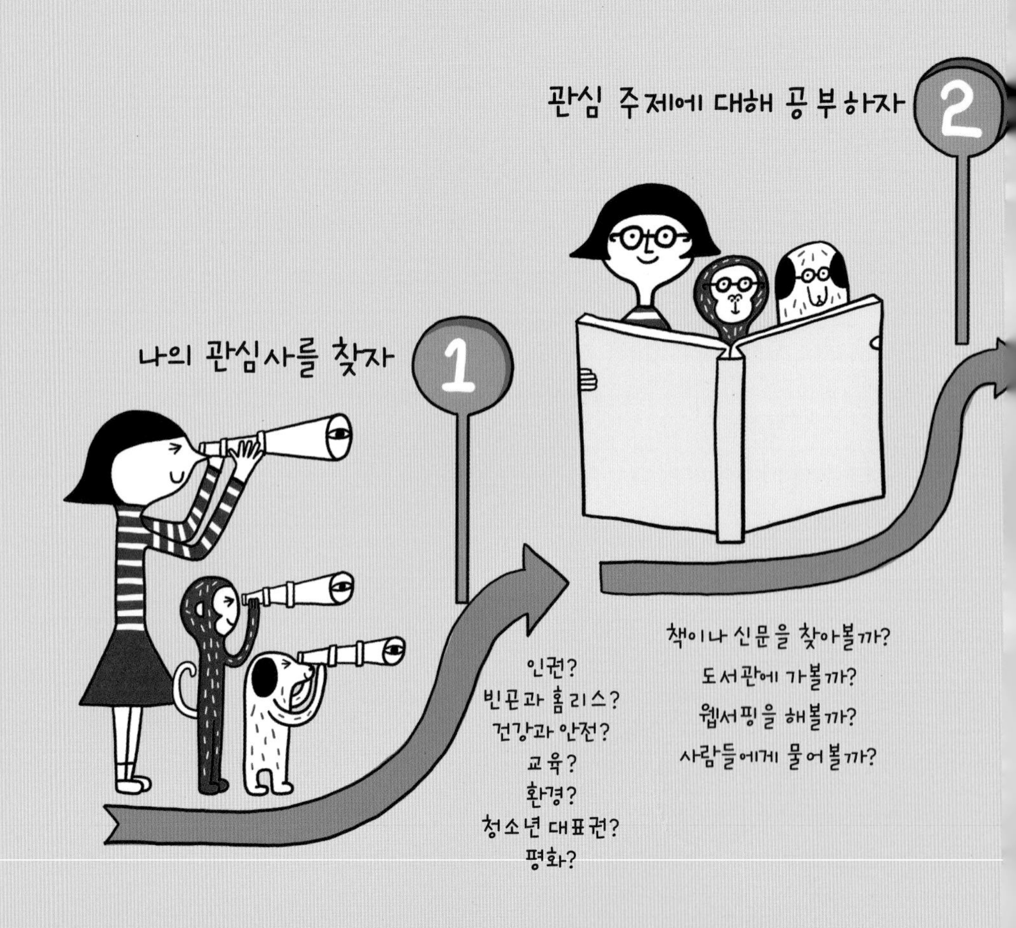

관심 주제에 대해 공부하자
2
나의 관심사를 찾자
1
인권?
빈곤과 홈리스?
건강과 안전?
교육?
환경?
청소년 대표권?
평화?
책이나 신문을 찾아볼까?
도서관에 가볼까?
웹서핑을 해볼까?
사람들에게 물어볼까?

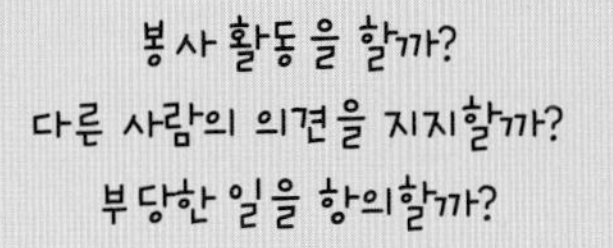

임무와 목표는?

목표에 도달할 방법은?

활동시간표 만들기

누구랑같이하지?

어떻게 알리지?

1995년의 어느 날, 신문 머리기사에 이런 제목이 붙었습니다.

"13세 소년, 아동노동에 맞서 투쟁하다 피살!"

캐나다 토론토에서 살고 있던 크레이그 키엘버거는 이 기사를 읽고 충격을 받았습니다. 크레이그는 기사에 나온 파키스탄 소년 이크발 마시와 나이가 같은 13세였습니다. 이크발은 자전거를 타고 가다 총에 맞아 숨졌습니다. 이크발의 이야기는 너무나 비통했습니다. 이크발은 5세 때 집안의 빚을 갚기 위해 노동 현장에 팔려갔습니다. 일종의 노예제도였습니다. 이크발은 카펫 공장에서 사슬에 묶여 매를 맞고 제대로 먹지도 못하면서 매일 12시간씩, 일주일에 6일을 강제로 일했습니다. 이크발이 정말 하고 싶었던 일은 학교에 가는 것뿐이었습니다. 하지만 이크발은 오로지 공장에서 고된 일만 죽도록 하며 지내야 했습니다.

그러나 이크발의 삶에는 더 엄청난 일들이 기다리고 있었죠. 11세 때 이크발은 자신을 잡아둔 사람들한테서 도망쳤습니다. 그리고 13세 때까지 인권 단체의 지원을 받으며, 아동노동의 부당함을 알리는 연설을 하고 다니며 아이들을 이끌었습니다. 파키스탄뿐만 아니라 고향에서 멀리 떨어진 나라에서도 활동했습니다. 그러자 세계 각국의 사람들이 노예노동으로 생산된 카펫은 사지 않게 되었고, 불행하게도 이 일은 여러 파키스탄 사람들을 화나게 했습니다. 특히 이윤이 줄어든 힘 있는 공장주들이 분개했습니다. 그리고 얼마 후…, 이크발은 총에 맞아 숨을 거둔 채 발견되었습니다. 어떤 사람들은 공장주들 때문에 이크발이 살해당했다고 믿고 있습니다. 하지만 아무도 정확한 이유를 알지 못합니다. 추측만 할 뿐이죠.

앞서 크레이그 키엘버거가 이크발의 죽음에 대한 신문 기사를 읽은 이야기로 돌아가볼까요? 크레이그는 아동노동이 뭔지 몰랐습니다. 하지만 알게 되기까지 오래 걸리지 않았습니다. 그리고 머지않아 크레이그는 노예가 된 청소년들을 위해 편지를 보내고, 연설을 하고, 탄원서를 제출하고, 모금을 했습니다. 그리고 남아시아를 방문하고 나서 많은 청소년들에게 닥친 가혹한 현실에 대해 더 잘 이해하게 되었죠. 이 여행을 통해 그들의 삶에 변화를 일으키겠다는 결심도 더욱 굳건해졌습니다.

크레이그는 단체를 만들어야겠다고 생각했습니다. 그리고 가족과 친구들의 지원으로 '프리더칠드런'이라는 단체를 설립하기에 이르렀습니다. '프리더칠드런'은 토론토를 기반으로 전 세계 청소년들에게 가해지는 학대와 착취를 없애는 일에 헌신하는 단체입니다. 그 후로 10년이 지난 지금, 이 단체는 더 이상 크레이그의 가족과 친구들만으로 구성되어 있지 않습니다. 10만 명 이상의 청소년들이 함께하는 큰 단체로 성장했죠. 이 단체의 프로그램을 통해 거의 50개 나라의 100만 명이 넘는 사람들에게 교육용 자료와 의료품, 위생 시설과 장비, 기타 필수품들을 제공하고 있습니다.

이 모든 것이 13세 소년 크레이그의 생각에서 비롯했습니다. 한 소년의 운동으로 셀 수 없이 많은 청소년들이 용기를 내어 대의를 따르게 된 것입니다. 강제 아동노동을 전 세계에 알린 이크발의 정신이 크레이그의 활동과 그가 만든 단체 안에서 살아 숨 쉬고 있는 셈입니다. 아동노동에서 해방된 한 어린 소녀의 말처럼, 이크발이 죽던 날 수천 명의 이크발이 다시 태어났습니다.

크레이그의 작은 행동이 아동노동에 큰 영향을 끼친 것처럼, 여러분의 작은 관심과 첫걸음이 지구 반대편의 사람들에게 행복을 안겨줄 수 있습니다. 그럼 이제 어떻게 변화를 일으킬 수 있을지 알아보도록 할까요?

1단계: 나의 관심사를 찾자

자원봉사나 사회운동을 활발하게 하는 첫 번째 단계는 여러분이 어떤 분야에서 활동하고 싶은지를 아는 것입니다. 우선은 어떤 문제가 나에게 중요한지부터 생각해보죠. 그리고 여러분의 관심사가 무엇인지, 그 관심사가 나를 어디로 이끌 것인지도 헤아려봅시다. 가령 여러분이

야생 동물을 아주 좋아한다면, 동물들에게 보금자리가 되는 서식지를 지키는 캠페인을 하면 매우 즐거울 것입니다. 또는 자연보호센터에서 자원봉사를 하거나 인근 지역의 호수나 강에서 오염 물질을 검사할 수도 있습니다. 참여할 수 있는 길은 정말 무궁무진합니다.

사람들은 어디에서 자원봉사나 사회참여의 아이디어를 얻을까요? 영감의 원천은 주변에서 다양하게 찾아볼 수 있습니다. 학교 수업시간에 배우는 교과서에서나 선생님의 말, 또는 자신이 가지고 있는 취미나 재능이 시작이 될 수도 있습니다. 신문이나 잡지, TV나 인터넷을 통해 시사 문제를 접하면서 전 지구적으로 혹은 지역사회에서 사람들이 직면한 문제에 관심이 생길 수도 있습니다. 물론 가장 가까운 친구나 가족과 대화를 나누다가도 영감을 얻을 수 있으며, 교회나 성당, 절에 다니는 친구들은 종교 행사에서 정보를 모아 행동에 나서는 경우도 있겠죠.

나의 관심사는 무엇일까?

어느 분야에서 활동하고 싶은지 아직 잘 모르겠다면, 다음의 테스트를 해보자.

빈 종이에다 아래의 각 활동들에 얼마나 흥미가 있는지 숫자로 점수를 매겨보자.

점수 설명 1점 = 아니, 됐어. 2점 = 어쩌면, 괜찮을지도. 3점 = 마음에 들어. 4점 = 당장 참여해!

☐ **A.** 인권 침해 조사하기

☐ **B.** 음식 기부 행사 조직하기

☐ **C.** 위험한 교차로에 신호등을 설치해달라고 청원하기

- [ ] D. 학교에 보낼 기부금 모으기
- [ ] E. 동물 학대를 반대하는 캠페인 벌이기
- [ ] F. 학교 운영회에서 봉사하기
- [ ] G. 전쟁을 반대하는 운동 벌이기
- [ ] H. 기회 균등을 추구하는 거리 캠페인 벌이기
- [ ] I. 빈곤에 대한 대중의 인식을 높이는 캠페인 시작하기
- [ ] J. 암 예방을 위한 모금 운동 준비하기
- [ ] K. 학교 교육을 받지 못하는 청소년들의 프로필 작성하기
- [ ] L. 사람들에게 지구온난화에 대해 알리기
- [ ] M. 외국에서 학생 대사가 되어 봉사하기
- [ ] N. 전쟁으로 피폐해진 나라에서 사회기반시설을 짓는 일에 자원봉사하기
- [ ] O. 성별이나 인종에 관계없이 동등한 보수를 받을 수 있도록 관련 단체에 항의 메일 보내기
- [ ] P. 집 없는 사람들을 위한 보호시설에서 일하기
- [ ] Q. 음주 운전을 반대하는 캠페인 조직하기
- [ ] R. 어린이들에게 읽기나 수학을 개인 지도하기
- [ ] S. 인근 공원을 청소하는 작업반 조직하기
- [ ] T. 내가 사는 지역의 지방자치단체에 청소년지부 설립하기
- [ ] U. 지역 갈등에 대한 나의 견해를 정리해서 블로그에 글 올리기

점수 계산

테스트를 마쳤다면 이제 그 점수가 적힌 답안을 이용하여 나의 관심 주제를 찾아보자.

다음의 각 그룹마다 알파벳 번호에 매겨진 숫자들을 모두 더해보자. 각 그룹의 점수 합계는 가장 흥미와 관심을 갖는 것이 무엇인지 암시한다. 예를 들어, 한 그룹에서 12점을 받았다면 그 주제와 관련된 프로젝트가 아주 잘 맞을 것이다.

그룹 1: A+H+O → 누구나 누리는 권리(50~75쪽)

그룹 2: B+I+P → 더불어 사는 세상(76~101쪽)

그룹 3: C+J+Q → 건강하고 안전한 삶(102~123쪽)

그룹 4: D+K+R → 평등한 교육 행복한 학교(124~145쪽)

그룹 5: E+L+S → 아름다운 지구(146~169쪽)

그룹 6: F+M+T → 우리의 목소리(170~191쪽)

그룹 7: G+N+U → 평화로운 세상(192~209쪽)

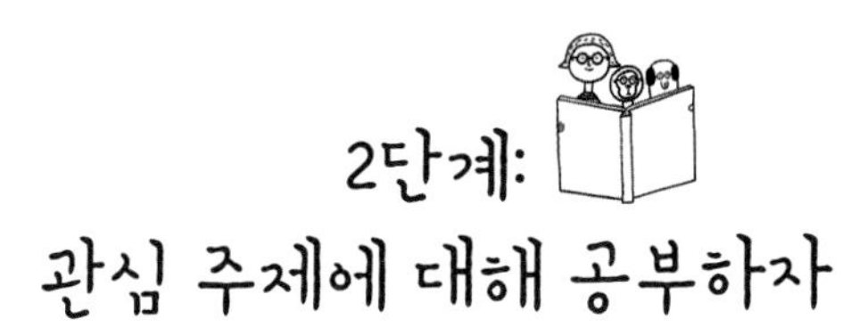

2단계: 관심 주제에 대해 공부하자

여러분은 이미 하나의 문제에 대해 많이 알고 있을지도 모릅니다. 또 실현 가능성이 있는 프로젝트에 대한 아이디어가 많을지도 모르는 일입니다. 하지만 그렇지 않을 수도 있습니다. 관심 주제에 대해 알아보기 위해 시간을 들여 정보를 모으고 공부하는 단계는 매우 중요합니다. 창의적이고 끈질길수록 좋습니다. 다른 사람의 지지를 얻어내려면 자신이 다루는 주제에 대해 잘 알고 있어야 하니까요.

어디에서 정보를 모을까?

1. 잡지, 신문, 언론 보도, 책

다양한 시사 문제에 대한 정보를 제공합니다. 크레이그 키엘버거가 이크발 마시의 이야기를 어디에서 접했는지 떠올려보세요. 신문과 잡지들은 매일매일 새로운 시사 문제와 정보를 제공해줍니다. 자료를 정리하는 데 가장 좋은 접근법으로 문서 기록들을 엮어놓은 데이터베이스가 있는 도서관을 방문하는 방법도 있습니다. 일반적으로 주제와 키워드를 비롯해 여러 가지 기준으로 목록을 검색할 수 있습니다. 큰 도서관들은 대부분 온라인에 소장 자료를 저장해두고 있으므로, 인터넷만 연결되어 있다면 집에서도 도서관 온라인 서비스를 통해 자료를 찾아볼 수 있습니다.

2. 인터넷

인터넷은 전 세계와 통하는 창문입니다. 언론 보도를 편집해둔 웹사이트가 많이 있으므로, 빠른 속도로 자료를 항목별로 정리할 수 있습니다. 또 어떤 검색 엔진이든 키보드만 몇 번 두드리면, 여러분이 생각하고 있는 문제들에 대한 정보를 모아둔 단체나 이익집단으로 바로 연결됩니다. 더불어 동영상이나 정보를 나눌 수 있는 웹사이트, 그리고 실용적인 응용 프로그램도 찾을 수 있습니다. 링크의 링크로 연결된 정보들은 우리가 알고 싶어 하는 것에 대해 더 깊이 이해할 수 있게 해줍니다.

3. 사람들과 대화하기

인터넷과 인쇄 자료는 여러 가지 용도로 매우 유용하지만, 다른 사람들과 이야기를 나누면서 배우는 것도 도움이 됩니다. 여러분에게 정보를 줄 수 있는 주변의 전문가들을 떠올려봅시다. 교회나 성당, 절이나 이슬람교 사원에서 만날 수 있는 가까운 사람들을 만나보면 어떨까요? 가족, 선생님, 지역사회 지도자, 기업가, 그리고 그 밖에 지역의 문제를 이해하고 있는 사람들과 이야기를 나누는 것도 좋은 방법입니다. 멀리 떨어진 곳에 있는 사람들의 경우에는 이메일이나 메신저, 채팅을 통해 인터뷰를 할 수 있습니다.

생각해볼 질문들

스스로 질문하고 생각해보는 것이 관심 주제를 공부하는 데 이용하는 자료만큼이나 중요할 때가 많다. 관심 주제에 대해 조사를 할 때 어떤 접근법을 이용해야 효과적일까? 아래에는 정보를 찾아낼 때 염두에 두어야 할 질문들이 있다. 정보를 수집할 때에는 수집한 정보에 대해 메모해두거나 문서로 정리해두는 것이 중요하다. 기록해둔 정보는 나중에 활동 계획을 짤 때에도 도움이 될 것이다.

1. 조치가 필요하다고 생각하는 상황은 무엇인가?
2. 그 문제는 어디에서 일어나고 있는가?
3. 그 문제는 누구에게 영향을 미치고 있는가?
4. 왜 그런 상황이 벌어지고 있는가?
5. 조치가 필요한 이유는 무엇인가?
6. 그 문제는 단기간 혹은 장기간에 걸쳐 어떤 영향을 미치는가?
7. 영향을 받는 공동체의 사람들은 어떤 일을 일으키고 싶어 하는가?
8. 이 문제에 대처하기 위해 이미 실행되고 있는 일은 무엇인가?
9. 변화를 일으키기 위해 어떤 단체가 참여하고 있는가?
10. 나는 무엇을 할 수 있는가?

관심 주제를 공부할 때 한 가지 명심해야 할 것은 여러분이 알고자 하는 문제에 대해 서로 다른 입장을 제시하는 다양한 정보를 얻어야 한다는 점입니다. 웹사이트나 책은 한 가지 쟁점에 대해서 어느 한쪽으로 치우쳐 있는 경우가 많습니다. 주변 사람들과 대화를 나눌 때에도 마찬가지입니다. 그래서 의도적으로 어떤 특정한 방향으로만 생각하도록 유도하는 정보만을 보여주기도 합니다. 예를 들어, 신문 사설은 특정 정당이나 정파의 의견을 담은 입장을 취하기도 하죠. 개인 블로그의 경우에도 입증된 사실은 부족하고 완강한 의견만 가득한 경우가 많습니다. 따라서 여러 가지 서로 다른 자료들을 참조하여 반드시 문제에 관한 모든 내용을 얻을 수 있도록 해야 합니다.

3단계:
활동 계획을 세우자

관심 주제에 대해 연구했으면 이제 상황을 개선하기 위해 어떤 활동을 할 수 있을까 알아봅시다. 우리가 이루려는 모든 대의에는 그에 부응하는 다양한 활동이 요구됩니다. 예를 들어, 많은 사람들이 세계 기아 문제에 관심을 갖고 있습니다. 그런데 그 문제에 대처하는 방법은 서로 다릅니다. 지역사회 안에서 음식 기부 행사를 조직하는 일부터 국제적인 구호단체에 보낼 기금을 모으는 일까지 아주 다양합니다. 결식아동, 무의탁 노인, 노숙인 등 끼니조차 해결하기 힘든 어려운 이웃에게 식품과 생활필수품을 나누어주는 것을 목적으로 하는 '사랑의 먹거리 운동'이나 '푸드 마켓' 등에 음식이나 성금을 기부할 수도 있고, 음반 제작에 참여하여 그 수익금을 기아 대책 프로그램에 기부한 몇몇 음악가들처럼 자신의 재능을 기부할 수도 있습니다.

1. 자원봉사

자원봉사는 가장 일반적인 형태의 봉사 활동입니다. 여러분은 이미 공동체의 활동을 돕는 자원봉사를 한 적이 있을 것입니다. 이를 테면, 공원에서 쓰레기를 줍거나 자연재해가 일어난 지역의 사람들을 돕는 일 말이죠. 자원봉사에는 여러 가지 형태가 있습니다. 하지만 아주 간단하게 생각하면 자원봉사는 보수나 사례를 받지 않고 대의를 위해 여

자원봉사 5계명

1. 봉사단체에 얼마나 많은 시간과 에너지를 헌신할 수 있는지를 현실적으로 판단하자. 명심해야 할 수칙은 작은 일부터 시작해서 점점 크게 쌓아가는 것이다.
2. 다른 사람들과 함께 봉사하자. 가족, 급우, 친구들과 함께 훌륭한 대의를 위해 일하면 더욱 즐겁고 보람 있는 경험이 된다.
3. 봉사 기회를 선택할 때 개인적인 목표를 염두에 두자. 자원봉사는 앞으로 이용할 수 있는 새로운 기술을 쌓는 아주 좋은 방법이다. 도전 정신을 북돋을 만한 활동을 선택하자.
4. 각자의 재능을 되돌아보고 가능한 한 그에 걸맞는 기회를 찾자. 인터넷의 고수라면 단체에 필요한 웹디자인을 하거나 자료를 모으는 일을 하면 좋을 것이다.
5. 대의에 대해 열정을 갖자. 가르치는 것을 좋아한다면 학교나 독서지도센터에서 봉사하면 된다. 동물이 취향에 맞는다면 지역 동물보호소가 나을 것이다. 결국 중요한 것은 자기가 좋아하는 일을 해야 헌신하기도 훨씬 쉽다는 것이다.

러분의 시간을 들이는 것이라고 정의할 수 있습니다.

대부분의 경우 사람들은 지역사회의 문제를 처리하기 위해 주변의 단체나 교회에서 자원봉사를 합니다. 하지만 국영단체나 세계적인 단체에서도 (온라인으로나 개인적으로) 자원봉사를 할 기회가 얼마든지 있습니다. 시간을 들여서 해볼 만한 활동을 몇 가지만 예로 들어보겠습니다.

- 주말을 이용해 친환경 농산물을 생산하는 농장을 찾아가 농산물 수확을 돕는다.
- 학교, 도서관, 주민 센터, 시민회관에서 어린이나 어른들에게 한글을 가르치는 등 개인지도를 한다.
- 노인정이나 공원 등 노인들이 애용하는 시설을 방문해 몸이 불편한 노인들을 돕거나 말동무가 되어준다.
- 가난한 사람들에게 식사를 대접한다. 무료급식소에서 배급을 돕는 일을 해도 좋다.
- 각종 방과 후 프로그램에 참여하여 봉사한다.
- 방학이나 주말에 집 없는 사람들을 위한 집짓기 프로젝트에 참여한다.

세상에 행복한 변화를 일으키기 위해 지역사회단체들과 국가에 소속된 비영리단체, 국제적인 NGO들은 직원을 채용하고, 물자를 보급하며, 운영비로 쓸 자금을 모아야 합니다. 많은 자원봉사자들이 보이지 않는 곳에서 소리 소문 없이 이런 일들을 돕고 있습니다. 자원봉사자들은 모금을 하고 자원을 모으며 여러 가지 일을 준비합니다. 그렇다면 봉사 활동을 준비하는 몇 가지 방법들에 대해 알아볼까요?

• 의료센터에서 전화 받기

• 후원 사업체나 단체 찾기

• 모금행사 개최와 진행을 적극적으로 돕기

• 보조금을 신청하거나 물품을 팔아 지역단체에서 쓸 자금에 보태기

• 단체에 필요한 데이터를 컴퓨터로 입력하기

봉사 활동 준비 5계명

1. 목표를 세우자. 모금을 할까? 보급품을 모을까? 회원 모집을 할까? 먼저 이루고자 하는 목표를 정하자.

2. 광고를 하고 언론의 주목을 끌자. 캠페인을 확실하게 성공시키는 가장 좋은 방법은 많은 사람들에게 캠페인을 알리는 것이다. 몇 가지 오락거리를 제공해서 군중들을 봉사자 모집과 모금행사로 이끌자. 내 주변 사람들을 참여시키는 것도 잊지 말자. 가족, 이웃, 친구, 교회나 성당, 절, 예배당에서 만난 사람들에게 참여해달라고 부탁하자.

3. 모금을 할 때 현금을 관리할 수 있는 시설을 마련하자. 먼저 돈을 모으고 운영하는 절차에 대해 반드시 알아야 한다. 참고로 단체에서 제작한 배지를 달거나 신원을 증명하는 물건을 지니는 것도 좋은 생각이다. 그렇게 하면 잠재적인 기부자들에게 확실하게 신뢰를 줄 수 있다. 기부자들에게 기부 내역이 담긴 영수증을 줄 수 있도록 준비해두자. 또한 모은 기금을 보호할 수 있도록 조치를 취하자.

4. 가난한 사람들에게 줄 옷과 음식과 여러 가지 물품을 모은다면, 물건들을 보관할 수 있는 장소를 마련하자. 이 장소는 안전해야 하며, 도난당할 위험이 없어야 한다. 학교든 시민회관이든 근처에 있는 건물을 이용할 수 있도록 허가를 받자.

5. 누가 최고의 자원봉사자나 기부자가 되어줄 수 있을지 생각해보자. 대의를 지지해줄 개인이나 시민단체의 후원을 활용하자. 지역단체에 연락해서 자원봉사자를 요청할 수도 있다. 모금할 때 기부자들에게 그들이 일하는 사업장의 고용주가 기부를 지원해줄 수 있는지를 물어보자.

2. 대의 지지

대의를 지지하는 일은 다양한 활동을 통해 이루어지며, 거의 모든 대의에 적용할 수 있습니다. 간단히 말해서 대의를 지지하는 일은 개인이나 단체, 장소, 또는 캠페인을 위해 일하는 것입니다. 문제가 무엇이냐에 상관없이, 지지 활동은 변화를 가져오는 결정적인 도구입니다. 왜냐하면 대의를 지지하는 활동이 상당히 많은 사람들에게 영향을 미칠 수 있고 폭넓은 규모로 상황을 개선시킬 수 있기 때문이죠. 대의를 지지하는 방법들은 아래와 같습니다.

- 지역사회의 문제를 공익광고로 만든다.
- 지역의 환경 문제에 대한 탄원서를 돌린다.
- 대의를 지지하는 미디어 운영진에게 편지를 보낸다.
- 자유롭고 공개적인 선거를 지지하는 공개 시위에 참가한다.
- 지역단체의 구성원들 앞에서 연설을 한다.

3. 공공 의사 표현

공공 의사 표현에도 여러 가지 형태가 있습니다. 공공 의사 표현이라고 하면 여러분은 곧바로 수천 명의 사람들이 팻말을 들고 구호를 외치는 대규모 집회를 떠올릴지도 모릅니다. 하지만 이것은 공공 의사 표현 가운데 한 가지일 뿐입니다. 다른 형태들도 많이 있습니다. 비윤리적이라고 생각하는 회사의 상품이나 서비스를 구매하지 않고 거부하는 불매운동도 공공 의사 표현입니다.

대의 지지 5계명

1. 인터넷을 이용하자. 자신의 견해를 웹사이트에 올릴 수 있다. 트위터나 페이스북 같이 소셜 네트워크 서비스를 이용하면 다른 사람들과 쉽게 정보를 공유하고 지지를 얻을 수 있다.
2. 대중의 지지를 모으자. 거리에 나가 대의를 지지하는 탄원서에 서명을 받자. 그리고 긍정적인 메시지를 이웃에게 전하자. 국문 탄원서 자료는 국제엠네스티 한국지부(www.amnesty.or.kr)에서 볼 수 있으며, 영문 탄원서는 아이퍼티션즈(www.ipetitions.com)에서 제공하고 있다.또한 설문조사를 실시해서 대중들이 어떤 생각을 가지고 있는지 정보를 모아보자.
3. 영향력이 있는 사람들 가운데 여러분의 생각에 동의하지 않을 만한 사람이 누군지 알아두자. 대중의 지지를 모으는 것은 지지 활동에서 가장 중요한 부분이지만, 사회 상층부 사람들에게 변화를 일으킬 수 있는 힘을 가진 사람들과 접촉하는 것도 중요하다. 공무원이든 회사의 CEO든, 주요 인물들의 관심을 끌어 함께 문제를 해결할 수 있도록 노력해보자.
4. 대중매체가 관여할 수 있게 하자. 보도자료를 발행하고 리포터들을 행사에 초대하여 여러분의 메시지가 TV와 신문, 라디오에서 전해질 수 있도록 힘쓰자. 대중매체에 노출되는 것은 결정권자들에게 압력을 행사하는 효과적인 방법이 될 수 있다.
5. 활동을 기록하자. 참가하는 행사의 동영상과 사진을 찍자. 사람들을 설득하는 공익광고나 영화, 다큐멘터리를 제작하는 방법도 있다. 동영상에는 전문가와 후원자들의 인터뷰를 담아도 좋다.

공공 의사 표현은 대개 사업체나 정부 기관, 또는 그 밖의 단체에서 시행되는 법이나 정책에 변화를 일으키는 것을 목표로 합니다. 항의 운동과 같은 의사 표현은 종종 폭동이나 폭력과 연관되기도 하는데, 그 이유는 극적인 사건이 있으면 홍보 효과가 크기 때문일 것입니다. 그러나 거의 모든 시위는 평화적으로 이루어집니다. 대부분의 참여자들은 폭력이 역효과를 일으키며, 대중들의 지지를 얻어내기보다는 잃게 만드는 경우가 많다는 것을 알고 있습니다. 이제 공공 의사 표현의 방법들을 살펴볼까요?

- 회사들이 환경 재해를 복구해야 할 책임이 있다는 것을 널리 알린다.
- 지역 대표들의 회의에 참석해 지역의 규정에 대해 이의를 제기한다.
- 공개 집회에 참석해서 잘못된 공공정책을 반대한다.
- 부당한 일을 해결하고자 힘쓰는 지역단체를 지지한다.
- 아동노동을 이용하는 회사에서 생산한 옷을 구입하지 않는다.

공공 의사 표현 5계명

1. 공개 집회에서 안전에 문제가 생길 우려가 있다면 경찰이나 지역사회의 관리자에게 행사에 대해 신고하자. 또한 공개 시위와 관련된 규칙에 대해 빠짐없이 조사하자. 가령 지정된 구역에서만 시위가 허용될 수도 있다.
2. 창의적인 방법으로 주목을 끌자. 상징적인 의상을 입거나 신념을 드러내는 팻말을 만들어도 좋다. 아이디어를 떠올려보고 세상에 메시지를 알릴 방법을 찾아보자.
3. 웹사이트와 메신저, 모바일을 이용해서 대의를 퍼뜨리자. 또한 이 통신 수단들을 이용하여 행사 당일에 후원자들을 조직하고 체계를 잡을 수 있다.
4. 매스컴의 보도를 확보하자. 언론 매체는 변화를 부르짖는 이들이 10대일 경우에 특히 더 많은 관심을 보인다. 만약 현장을 촬영하는 사람이 없다면 여러분이 직접 행사를 기록하고 그 동영상을 소셜 네트워크 서비스 사이트에 공개하자.
5. 침착함을 잃지 말자. 쟁점에 대해 감정이 격렬해지더라도, 무력 충돌로 행사를 망치지 않도록 하자. 상황 통제가 어려울 것 같으면 공무원의 도움을 받자.

4단계: 행동에 옮기자

대의를 정하고, 연구하고, 어떤 활동을 할지 정했다면, 이제는 행동할 차례입니다. 여러분의 관심이 자원봉사에 있건, 인력과 자원 준비에 있건, 아니면 대의 지지나 공공 의사 표현에 있건, 그 외에 어떤 활동에 관심이 있건 간에, 활동을 시작하기에 앞서 계획을 완성해야만 도움이 될 것입니다. 이 계획은 여러분이 앞으로 계속 전진할 수 있도록 돕는 지침이 될 것입니다.

활동 계획 5단계

앞으로의 활동에 대비해 다음 질문에 답해봅시다. 가능한 한 자세하게 적어야 합니다. 빈틈없는 준비는 사회참여를 성공적으로 이끄는 데 결정적인 요소가 될 테니까요.

1단계: 임무와 목표를 적어라.

여러분이 활동을 해서 이루고자 하는 것이 무엇인지 생각해봅시다. 지역사회 차원의 변화를 일으키고 싶은가요? 아니면 세계적으로 영향을 미치고 싶은가요? 어떤 문제를 지지할 건가요? 행동에 옮기기에 앞서 임무와 목표를 세우는 것이 무엇보다도 중요합니다. 목표가 있어야 방향을 잃지 않고 앞으로 나아갈 수 있습니다.

2단계: 목표에 도달할 방법을 정하라.

확실하게 목표를 이루기 위해 어떤 활동을 할 건가요? 활동은 한두 단계만으로 구성할 수도 있고 여러 단계를 거칠 수도 있습니다. 활동 방법은 구체적일수록 좋습니다. 목표는 한꺼번에 이루어지지 않을 것입니다. 예상보다 시간이 많이 걸리는 일일지도 모르죠. 하지만 구체적인 방법과 단계를 세우고 접근한다면 지치지 않고 목표를 달성할 수 있을 것입니다.

3단계: 활동시간표를 만들어라.

활동을 언제 실시할 건가요? 활동을 시작하는 시점이 활동의 방향과 결과에 큰 영향을 끼칠 수도 있습니다. 앞으로 해나갈 활동 단계의 우선순위를 정하고, 언제 그 활동들을 할지 시간표를 만들어봅시다.

4단계: 누가 참여할 것인지 생각해보라.

활동에 누구를 참여시킬 수 있을까요? 친구와 가족? 선생님과 지역사회 지도자? 함께 예배에 참여하는 사람들? 여러분의 대의를 지지하고 도와줄 만한 사람들의 이름과 연락처를 적어봅시다. 이 명단이 여러분의 첫 번째 지지자들 목록이 될 수 있습니다.

5단계: 어떻게 주의를 끌지, 어떻게 기금을 모을지 꼼꼼히 계획하라.

공익광고가 효과적일까요? 인터뷰나 설문조사를 실시할 건가요?

모금 활동은 어떨까요? 사람들을 집중시키고 여러분의 활동에 대해 생각하게 할 방법들을 목록으로 만들어봅시다.

평가 질문

활동 계획에 따라 활동을 벌인 후에는 반드시 평가해보아야 한다. 그래야 다음 활동을 더 효과적으로 계획할 수 있기 때문이다. 최대한 구체적인 것까지도 꼼꼼하게 평가하는 것이 도움이 될 것이다. 아래의 평가 질문들을 살펴보자.

1. 어떤 것이 효과가 있는가?
2. 어떤 것이 효과가 없는가?
3. 왜 어려움을 겪고 있는가?
4. 더 나은 활동 방침이 있는가?
5. 지금 당장 어떤 것을 바꿔야 하는가?

단체 참여하기

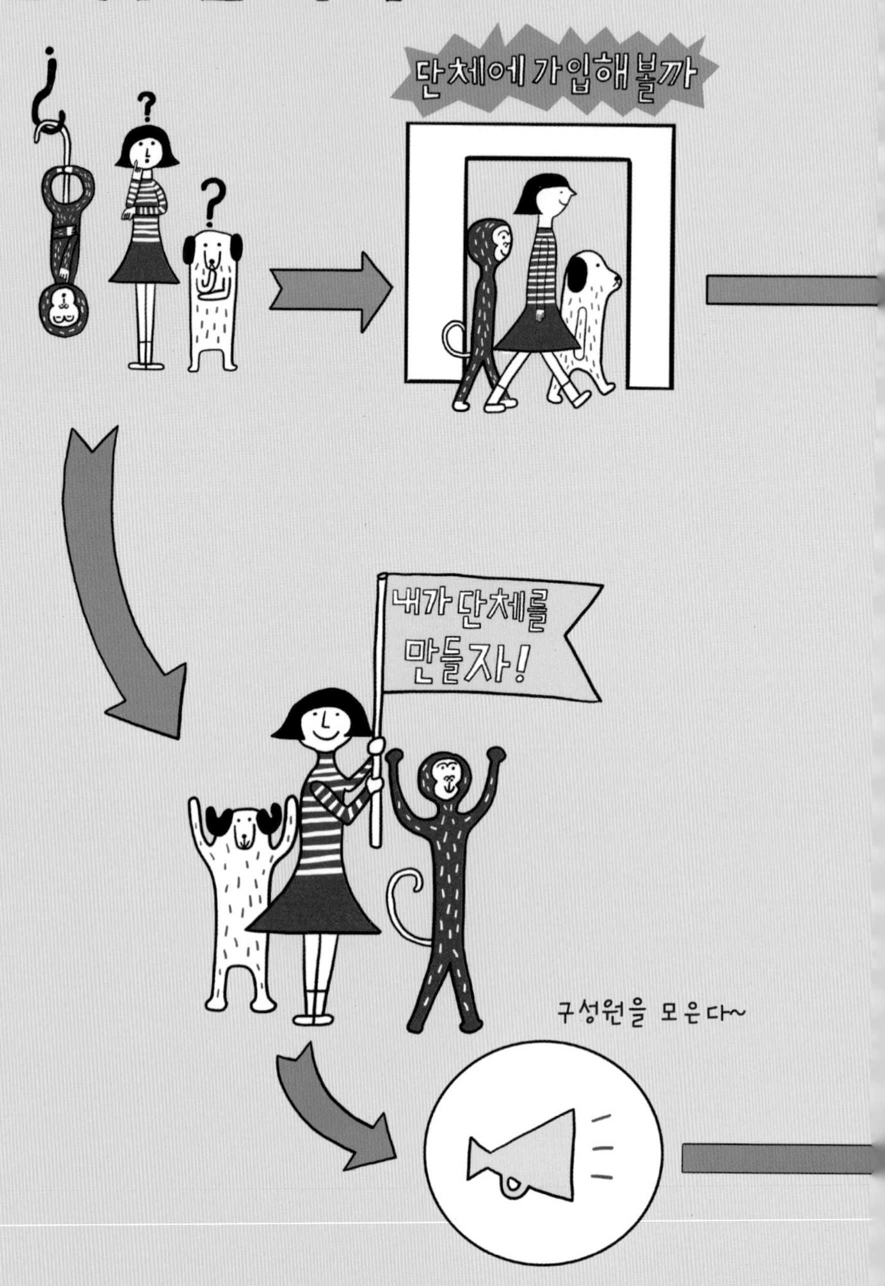

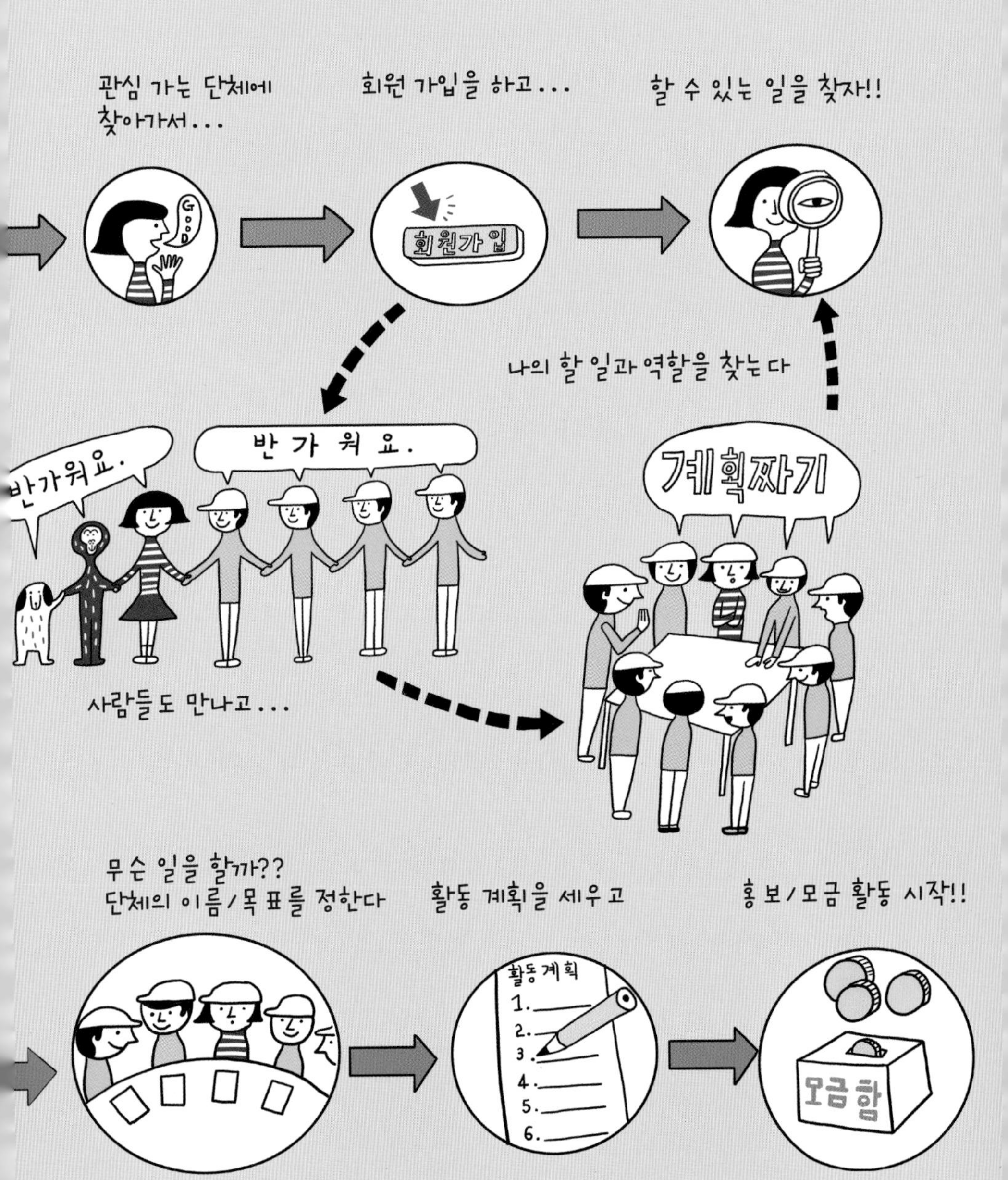

관심 가는 단체에
찾아가서...
GOOD
회원 가입을 하고...
회원가입
할 수 있는 일을 찾자!!
나의 할 일과 역할을 찾는다
반가워요.
반 가 워 요.
사람들도 만나고...
계획짜기
무슨 일을 할까??
단체의 이름/목표를 정한다
활동 계획을 세우고
활동계획
1.
2.
3.
4.
5.
6.
홍보/모금 활동 시작!!
모금함

단체에 참여하는 이유는 무엇일까?

'세계청소년행동네트워크'는 세계에서 가장 큰 청소년 네트워크 중 하나입니다. 그런데 이 단체가 한 10대 청소년이 느낀 실망감에서 탄생했다고 한다면 믿을 수 있나요? 뉴욕에 사는 벤자민 퀸토는 전 세계적인 문제와 그 문제들이 청소년들에게 미치는 영향에 대해 많이 생각했습니다.

"저는 이 세계가 도대체 어떻게 된 건지 궁금했어요. 날마다 전 세계에서 3만 5,000명의 어린이들이 굶주림이나 질병처럼 예방할 수 있는 문제 때문에 죽어가고 있잖아요."

벤자민은 유엔에 청소년이 대표로서 참여한다면 전 세계에서 일어나고 있는 비극을 줄이는 데 도움이 될 거라고 생각했고, 한 친구와 함께 유엔 회의에 참석했습니다.

"유엔에 도착해서 각국 대표들을 모두 다 둘러보았어요. 그리곤 생각했죠. '젊은 사람들은 전부 어디에 있는 거지?' 제가 거기서 제일 어렸거든요."

그 후 3년 동안 벤자민은 유엔에 청소년 의회를 설립하려고 애를 썼습니다. 그러나 제안을 낼 때마다 번번이 거부당했고, 벤자민은 유엔이라는 거대한 관료 체계가 아직은 변화를 맞이할 의사가 없다는 것을 깨달았죠. 하지만 벤자민의 노력은 헛되지 않았습니다. 유엔에서 한 활동 덕분에 벤자민은 세계 곳곳에 있는 청소년들의 행동에 대해서 잘 알게 되었으니까요. 벤자민은 이렇게 말합니다.

"그때 저는 세계적인 청소년 운동이 이미 바깥세상에서 벌어지고 있다는 것을 깨달았죠. 다만 우리는 조직 체계와 네트워크가 필요했던 거예요. 놀라운 청소년 운동이 전 세계적으로 벌어지고 있었지만 서로 연결되어 있지 않았어요."

이 문제를 해결하기 위해서 벤자민과 친구들은 1999년에 미국 애리조나 주의 세도나에서 '청소년연합회의'를 창설했습니다. 그리고 여기에 12개국의 사람들이 참여했습니다. 이들의 목표는 전 세계에서 활발하게 사회운동을 펼치고 있는 청소년들을 연합시키는 것이었죠. 우선 과제는 청소년들끼리 서로 연락을 주고받을 수 있는 웹사이트를 구축하는 것이었습니다. 또한 이 사이트를 통해 청소년들의 사회운동을 처음 접하는 사람들에게 참여에 필요한 정보를 제공하고자 했습니다.

회의를 시작한 지 6개월 후 벤자민과 후원자들은 '세계청소년행동네트워크'의 사무실을 차리게 되었습니다. 얄궂게도 사무실 위치는 유엔의 뉴욕 본부에서 한 블록 거리였습니다. '세계청소년행동네트워크'

는 그토록 짧은 시간에 벌써 110개국을 아울렀습니다. 웹사이트 역시 전 세계에서 변화를 일으키고 있는 청소년 운동가들을 연결하고 있습니다. 전 세계에 지역단체와 사무실을 설립했고, 계속 범위를 확장하여 현재는 180여 개국에서 1만 개 이상의 네트워크 그룹을 연결하는 놀라운 결과를 가져왔습니다. 그리고 4년 동안 유엔과 관계를 맺은 후 2005년에 유엔 경제사회이사회의 '특별고문자격'을 얻었습니다. 이것은 유엔에서 청소년들에게 영향을 미치는 (빈곤 완화나 양성평등 같은) 문제들을 논의할 때 '세계청소년행동네트워크'를 회의에 초대해야 한다는 것을 뜻합니다. 세상의 모든 청소년들이 유엔에서 더 강력한 대표권을 갖게 된 셈이죠.

벤자민은 처음 실망감을 느낀 것에서 끝내지 않았습니다. 그는 단체를 만들었고, 함께할 사람들을 모았고, 결국 이 단체는 크고 강력한 단체로 성장했습니다. 이처럼 단체와 함께 활동하면 대의를 실현하는 데 더 큰 효과를 거둘 수 있습니다. 사시나무를 생각해볼까요? 사시나무는 아름답지만 약한 나무입니다. 하지만 사시나무에는 비밀이 있습니다. 사시나무 뿌리들이 땅 밑에서 하나로 연결되어 있다는 것이죠. 사시나무가 죽으면 새로운 싹이 올라옵니다. 그러면 다른 사시나무들의 힘이 그 싹으로 연결됩니다. 단체도 사시나무와 마찬가지입니다. 다수는 한 사람보다 크고 강합니다.

가입할까, 직접 만들까?

대의를 실현하기 위해 다른 사람들과 함께하겠다고 마음을 먹었다면, 이제 다음 단계는 기존의 단체에 가입할 것인지, 아니면 직접 단체를 만들 것인지 결정하는 것입니다. 어느 쪽을 선택하든 이득도 있고 잠재적인 위험도 있을 것입니다. 단체에 가입할 것인지 새로 만들 것인지를 고민할 때에는 다양한 요소들을 검토해보는 것이 매우 중요합니다. 여기에 여러분이 꼭 염두에 두어야 할 질문들이 있습니다.

1. 참여하고 싶은 활동을 이미 하고 있는 단체가 있는가?

하고자 하는 일에 이미 헌신하고 있는 단체가 많이 있다면, 구태여 같은 활동을 중복하는 새로운 단체를 만들기보다는 이미 활동하고 있는 단체들 가운데 하나를 선택해 가입하면 됩니다. 쓸데없이 시간을 낭비할 필요는 없으니까요.

2. 얼마나 열렬히 뛰어들 수 있을까?

직접 단체를 만들려면 뛰어난 활동력과 자질이 요구됩니다. 이 두 가지가 충분하지 않다면 대의를 이루는 데 효과적으로 대처해나갈 수 없습니다. 여러분이 얼마나 열렬하게 헌신할 수 있는지 확신이 서지 않는다면, 우선은 관심이 가는 단체에 가입하는 편이 좋을 것입니다.

3. 가장 시급한 분야는 무엇인가?

여러분이 속한 지역사회에 필요한 일 가운데 마땅히 지원하는 사람이 없는 분야가 있습니까? 제대로 다뤄지지 않는 문제가 있다면, 바로 여러분이 그 문제에 헌신하는 단체를 시작할 절호의 기회입니다.

4. 기꺼이 대의에 앞장설 것인가?

어떤 사람들은 대의에 대해 열정이 있지만 직접 지휘를 하거나 이목을 끌고 싶지는 않다고 생각하기도 합니다. 만일 여러분도 그렇다면, 단체를 만들기보다는 가입하는 것이 나을 것입니다.

단체 가입하기

대의를 위해 사람들과 함께하는 일은 아주 만족스러울 것입니다. 한 팀이 되어 함께 임무를 수행할 것이며, 중요한 일을 해내고 스스로 책임을 질 것입니다. 또한 정평이 나 있는 단체들은 하부 조직과 자원, 적절한 절차를 갖추고 있습니다.

여러분에게는 어떤 단체가 알맞을까요?

단체를 가입할 때 자신과 잘 맞는 단체를 알아보는 일이 가장 중요합니다. 만일 단체의 목표와 활동 방식이 자신과 맞지 않다면 단체 활동을 꾸준히 하기 어려워질 테니까요. 그래서 자신의 신념과 잘 맞고 원하는 활동을 지원해줄 수 있는 단체를 찾아야 합니다.

1. 단체의 사명은 무엇인가?

해당 단체의 임무와 그 단체가 변화를 일으키기 위해 시도하고 있는 방법들을 면밀히 검토해봅시다. 물론 여러분은 단체의 목적과 이상이 자신이 가지고 있는 신념과 부합하길 바랄 것입니다.

2. 나이 제한이 있는가?

어떤 단체들은 부모님이나 법적인 보호자가 관여하지 않을 경우 참가하는 데 나이 제한을 두기도 합니다. 가입하려는 단체가 어떠한 제한을 두고 있는지 꼭 확인해 둡시다.

3. 지역 활동과 글로벌 활동 중 어떤 것을 찾고 있는가?

어떤 단체들은 지역적인 차원에서 활동하는 여러 가지 방법들을 제공합니다. 반면에 문화 교류나 해외 자원봉사, 또는 학회 등에 참여하는 기회를 제공하는 단체들도 있습니다.

4. 어느 정도로 헌신해야 하는 일인가?

어쩌면 여러분은 인근 지역에서 일주일에 한두 시간 정도 하는 자원봉사를 생각하고 있을 것입니다. 아니면 오랜 기간 다른 나라에서 지내며 활동할 용의가 있을지도 모릅니다. 무엇이 되었건, 여러분이 얼마나 헌신할 수 있는지가 활동 기회를 선택하는 데 매우 중요한 요소가 될 것입니다.

단체 만들기

여러분이 원하는 봉사 활동이나 사회참여를 하려면 직접 단체를 만들어야 한다고 생각할 수도 있습니다. 그렇다면 새로운 단체를 만드는 것이 가장 만족스러울 것입니다. 어쩌면 평생의 사업이 될지도 모르는 일입니다.

1. 함께할 구성원을 모으자.

같은 반 친구나 가족, 선생님, 또는 지역사회 지도자들 중에 대의를 함께 이룰 사람들을 모집해야 합니다. 지역단체에 지원을 요청하는 것도 좋습니다. 웹사이트를 만들거나 소셜 네트워크 서비스를 이용해 온라인으로 지지를 얻을 수도 있습니다. 어디에서 지지를 얻을지, 얼마나 많은 사람들을 참여시킬지, 어떤 관계를 만들어갈지는 프로젝트에 따라 달라질 것입니다.

2. 회의를 시작하자.

여러분은 집이나 학교나 지역에서 회의를 개최하고자 할 것입니다. 온라인 활동이 주를 이룬다면 화상 회의를 개최해서 구성원 모두가 단체의 활동에 참여할 수 있습니다.

3. 단체의 이름과 강령, 목표를 정하자.

여러분의 단체를 뭐라고 부를까요? 단체의 사명은 무엇인가요? 그 사명을 이루기 위해 어떻게 할 계획인가요? 단체의 이름과 목표를 정하고 정리해놓으면 향후 활동의 기준이 될 수 있습니다.

4. 단체의 활동 계획을 짜자.

여러분의 활동 계획에는 단체의 사명과 목표, 그 사명과 목표를 완수하는 데 필요한 조치들, 단체에서 치를 행사의 시간표, 역할 목록(누가 언제 무엇을 할 것인지)이 들어 있어야 합니다.

5. 홍보와 모금 활동을 계획하자.

대중의 주목을 받으면 활동에 가속도가 붙습니다. 또한 자료를 구하거나 여행을 하는 데 필요한 기금이나 운영비도 모아야 합니다. 그러므로 단체를 홍보하고 기금을 마련하기 위해 어떤 방법을 쓸 것인지, 반드시 활동 계획을 세우도록 합니다.

단체 활동의 장점

- 문제를 이해하는 데 필요한 다양한 관점을 얻을 수 있다.
- 아이디어를 모으고 창의적인 해결책을 찾을 수 있다.
- 자원과 정보망을 공유하여 서로 활용할 수 있다.
- 집단으로 활동함으로써 스스로의 활동을 드러낼 수 있고 신뢰도를 높일 수 있다.
- 난관에 부딪쳤을 때 헤쳐나갈 수 있는 최선의 방법을 논의할 수 있다.
- 더 많이 활약할수록 단체 회원들과 더 돈독한 우정을 쌓을 수 있다.

2부
10대 소셜 디자이너

"우리는 불가능이란 단어를 알기에는 너무도 어립니다.
우리의 입으로 불가능이란 단어를 사용해서는 안 됩니다.
이유가 무엇이든
반드시 이 상황에 무언가를 해야 합니다."

-열여섯 살의 잭 헌터

누구나 누리는 권리

인권은 인간의 천성이기 때문에 자연권이라고도 한다.
여자든 남자든, 흑인이든 백인이든, 아동이든 노인이든
모든 인간에게는 인권이 있다.
마틴 루터 킹, 넬슨 만델라, 테레사 수녀 등 여러 기념비적인
인물들의 인권 보호 활동으로 인권이 신장되어왔지만, 여전히
우리 주변과 세계 곳곳에서 인권 침해가 일어나고 있다.

노예제 폐지 운동가

열여섯 살의 잭 헌터

잭 헌터는 21세기에 노예로 살고 있는 사람들이 있다는 사실을 듣고 충격을 받았다. 당시 잭은 열세 살이었다. 잭은 미국 버지니아 주 애쉬번의 기독교 학교에 다니고 있었는데, 잭과 같은 5학년 학생들은 '흑인 역사의 달' 행사에서 흑인 해방 운동가 해리엇 터브먼과 노예제 폐지론자 프레더릭 더글러스에 대해 공부했다. 그때 잭의 엄마가 오늘날에도 여전히 많은 사람들이 노예로 살고 있다는 이야기를 들려주었다. 그리고 잭은 전 세계 약 2,700만 명의 사람들이 제분소와 공장 혹은 성매매업소에서 강제로 일하고 있으며, 그중 절반은 여성과 아동이라는 사실을 알게 되었다.

잭은 당장 도와줘야겠다고 생각했다. 잭이 무엇을 했을까? 잭은 현대판 노예제도를 없애기 위해 활동하는 단체에 보낼 돈을 모금하기 시작했다. 하지만 잭은 사람들에게 거액의 수표나 100달러짜리 지폐를 요구하지 않았다. 대신에 집이나 차 안에, 혹은 호주머니 안에 굴러다니는 동전을 기부해달라고 했다. 잭의 아이디어는 인기를 끌었고, 머지 않아 잭의 학교 친구들도 모금에 동참하기 시작했다. 이 일은 일대 선풍을 일으켜 미국 곳곳에 있는 다른 학교의 10대들도 1센트, 5센트, 10센트, 25센트짜리 동전을 모으기 시작했다.

잭은 이 캠페인에 '사슬을 푸는 동전'이라는 이름을 붙였다. 지금까지 이 캠페인은 전 세계 노예들을 해방시키기 위해 수천 달러를 모았고, 지금도 계속해서 모금 운동에 가속도가 붙고 있다. 요즘 잭은 미국 곳곳의 고등학교, 교회, 공동체 회의장 등에서 연설을 하고 있다.

흑인 역사의 달

아프리카 이외의 국가에서 아프리카계 흑인의 역사와 업적을 되새기는 행사이다. 기념하는 달은 나라마다 다른데, 미국과 캐나다에서는 매년 2월 한 달 동안 여러 행사를 진행한다.

"우리는 어립니다. 어른들처럼 직업도 없습니다. 음악을 듣고 농구를 좋아하는 청소년일 뿐입니다. 그러나 지구 반대편 아이들은 우리가 하는 농구, 게임, 공부를 꿈도 꾸지 못한 채 하루 종일 고된 노역에 시달리고 있습니다. 이런 현실이 너무도 가슴 아픕니다. 정말 억울합니다. 양심이 느끼는 올바름이 바로 지금 이 순간 우리에게 말하는 것 같습니다. 우리의 용돈이라도 모아 그들을 구해내자고!"

실제로 잭은 들어주는 사람이 있다면 서슴지 않고 누구에게나 현대판 노예제도를 폐지하는 일에 대해 이야기했다. 그리고 잭의 노력은 그야말로 성공적이었다. 잭에게 감동을 받은 청소년들은 각자 학교, 동아리, 학원, 교회, 활동 단체의 웹사이트에 현대판 노예제도를 없애자고 글을 쓰기 시작했다. 포스터를 제작해 게시판에 직접 붙이거나 사슬이 채워진 노예 아동들의 발목을 그려 넣은 노란색 컵을 판매해 기금을 모았다. 잭은 이제 홀로가 아니다. 많은 10대 청소년들이 잭과 함께 모금 활동을 벌이고 있다. 모두가 변화를 이끄는 잭의 메시지에서 힘을 얻었기 때문이다. 잭은 노예제 폐지를 위해 우리 모두가 나서야 한다고 말한다.

"우리가 바로 그 누군가이고, 오늘이 바로 그 날입니다."

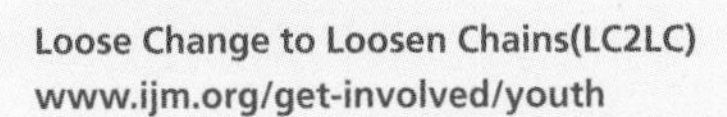

100% 학생들이 만드는 세상의 변화

사슬을 푸는 동전

Loose Change to Loosen Chains(LC2LC)
www.ijm.org/get-involved/youth

잭 헌터가 시작한 이 단체는 노예 해방을 위해 기부 운동을 벌이고 있다. 100% 학생들의 힘으로 꾸려졌고, 학생들의 기부를 통해서 세상을 바꾸고 있다. 잭은 같은 또래의 문제이기 때문에 학생들이 나서야 한다고 말한다. 주로 컵과 티셔츠를 만들어 팔아 후원금을 모으고 있는데, 그들의 후원금은 이렇게 쓰인다.

14$ 아프리카 가나의 노예 아동들이 1년 동안 책과 유니폼, 가방을 사서 학교에 다닐 수 있는 후원금
92$ 가나에서 고기잡이배에 팔려갈 아이를 구제할 비용
135$ 인도에서 카펫을 만들어야 할 2~3명의 아동노동을 막을 수 있는 비용
500$ 노예가 된 청소년을 구하는 비용
1000$ 강제 성매매에 팔린 여자아이를 구하는 비용

장애인권을 위해 달린

열다섯 살의 플로렌스 나베인다 바붐바

플로렌스 나베인다 바붐바는 땅바닥에서 잠을 자던 무더운 밤을 기억한다. 기침을 하면서, 말라리아, 홍역, 독감, 열병과 싸우며 밤을 버텨내곤 했다. 플로렌스의 엄마는 '정신지체'라는 꼬리표가 달린 플로렌스를 버렸고, 아빠는 플로렌스를 때리고 방치해두었다. 그녀가 살던 우간다의 마사카 마을 사람들도 그녀에게 조금도 친절하지 않았다. 사람들 대부분이 플로렌스를 형편없이 대우했다. 순전히 플로렌스가 지적 장애가 있는 여자애였기 때문이었다. 교장 선생님은 플로렌스를 '쓸모없는 애'라고 불렀고, '가르치기 힘들다'며 학교를 그만두라고 말했다.

"나는 완전히 쓰레기 같았어요."

플로렌스가 열다섯 살이 되었을 때 상황이 변했다. 아빠의 이복형제가 플로렌스를 입양한 것이다. 새 가족은 플로렌스를 사랑했고, 플로렌스가 한 번도 겪어보지 못한 뒷바라지를 해주었다. 양아버지는 플로렌스가 좀 더 높은 학년의 교육을 받아야 한다고 생각했다. 그리하여 플로렌스는 7학년 아이들과 함께 수업을 듣게 되었다. 그 아이들은 플로렌스가 뒤처져 있다며 놀려댔다. 그런 아이들과 지내는 것이 쉽지는 않았지만, 플로렌스는 끈질기게 공부를 했고 계속 발전해나갔다.

플로렌스는 또 다른 기회를 만나게 되었다. 양아버지가 '국제스페셜올림픽협회'의 우간다 지부를 구성한 것이다. 양아버지는 플로렌스에게 달리기 대회에 출전해보면 어떻겠냐고 제안했고 그녀의 의지를 북돋아 주었다. 플로렌스는 길고 가는 다리로 맹그로브 숲을 통과하며 흙길을 질주했다. 달리는 거리가 늘어날수록 플로렌스의 다리와 폐는 강해졌다. 플로렌스는 경기에 출전하기 시작했고, 아프리카는 물론 세계대회에서도 메달을 땄다. 그리고 세계적인 지도자들을 비롯해 수많은 사람들이 플로렌스가 이뤄낸 성과에 주목하기 시작했다.

플로렌스는 새로운 삶을 통해 힘과 자존감을 얻었다. 하지만 사람들이 자신을 '멍청이'나 '정신지체'라고 불렀을 때 느꼈던 것을 잊지 않고 있었다. 플로렌스는 수많은 장애인들이 권리를 인정받지 못하고 있다는 것을 깨달았다. 그래서 장애인들을 돕는 캠페인을 벌이기 시작했다. 플로렌스는 먼저 45개의 스페셜올림픽 지구에서 연설을 했다. 내용은 장애가 있는 소녀들에게 더 나은 교육 기회를 주어야 한다는 것이었다. 하지만 변화는 바로 일어나지 않았다. 플로렌스가 우간다 부간다의 왕비에게 편지를 쓰고, 결국 왕비를 만나고 난 후에야 실질적인 조치가 취해졌다. 플로렌스의 활동에 영향을 받아 왕비는 어려움에 처한 아동들을 위해 재단을 설립했고, '보편적 초등교육'을 시행했다. 이것은 아동이 성이나 장애 유무와 관계없이 학교에 갈 수 있게 허가하는 법이다. 이제는 더 이상 '가르치기 힘든' 아이라고 해서 집으로 돌려보내지 않게 된 것이다.

12년 동안 경기에 출전한 플로렌스는 앞으로도 계속 달릴 계획이다. 그녀는 현재 국제스페셜올림픽협회의 이사가 되었고, 언젠가 우간다 의회에서 일하기를 바라고 있다. 의회에서 지적 장애 아동을 지지하는 일을 계속 이어갈 계획이다.

Click!

지적 장애인들의 스포츠 축제

국제스페셜올림픽협회

Special Olympics International
www.specialolympics.org
한국 스페셜올림픽 sokorea.kosad.kr

"미국 친구에게 '스페셜올림픽을 아느냐'고 물으니, '물론!'이라고 대답하더군요. 자원봉사와 기부 문화가 잘되어 있는 선진국에서는 스페셜올림픽이 다른 올림픽 못지않게 뜨거운 인기를 누린다고 합니다. 일대일 자원봉사자가 절실히 필요한 스페셜올림픽에 더 많은 자원봉사자와 후원인이 감동과 공감이라는 큰 선물의 주인공이 됐으면 좋겠습니다." -2009년 아이다호 스페셜올림픽에 자원봉사자로 참가한 최문정 양

스페셜올림픽은 존 F. 케네디 대통령의 여동생인 고(故) 유니스 케네디 슈라이버의 제안으로 1968년부터 열렸고, 지금은 4년마다 열리고 있다. 스페셜올림픽은 지적 발달 장애인들에게 스포츠 훈련의 기회를 제공하고 경기에 참여시킴으로써, 지적 장애인들의 신체적 적응력을 향상시키고 생산적인 사회 구성원으로 인정받을 수 있도록 기여하고 있다.

아메리카
미국

평등권을 의회에 외친 열일곱 살의 신디 페레스

미국 캔자스 주에 살고 있는 고등학생 신디 페레스는 평등권을 찾는 싸움에 일가견이 있다. 신디는 캔자스에 사는 수많은 이민자들이 미국 시민권을 얻지 못할 경우 대학에 다닐 수 없다는 사실을 알게 되었다. 신디는 당장 어떻게든 해야겠다고 결심했다. 자신이 사는 올레이스 시를 중심으로 신디는 탄원서를 돌리고 법을 만드는 사람들에게 연설을 했으며, 이민 온 학생의 삶을 보여주는 다큐멘터리를 만드는 데 힘을 보탰다. 신디의 활동들은 드림법안이 통과하는 데 중요한 역할을 했다.

2004년에 제정된 드림법안의 정식 명칭은 '소수의 외국인 체류자를 위한 발전, 안정, 교육 법안(the Development, Relief, and Education for Alien Minors Act)'인데, 앞 글자를 따서 드림 법안(DREAM Act)라고 부른다. 이 법안은 자신의 의지와는 상관없이 부모를 따라 미국에 와서 살며 어쩔 수 없이 불법체류자가 된 학생들을 구제하려는 법안이다. 미국에서는 서류 미비자가 되면 생활하는 데 큰 문제가 생기는데, 운전면허를 가질 수 없기 때문에 신분을 증명할 수도 없고, 학생의 경우에는 학교에 등록을 하지 못하거나, 등록을 하더라도 많은 학비를 내야 하거나 학교를 다니다가 강제로 추방당할 수 있기 때문이다. 따라서 이민자들의 자녀들에게는 드림법안은 그야말로 그들의 '꿈'을 포기하지 않고 희망을 품게 하는 법안이었다.

신디는 모국을 떠나 다른 나라로 이민을 와서 사는 게 얼마나 힘든 일인지 잘 알고 있다. 신디도 2학년 때 가족과 함께 미국으로 이주했기 때문이다. 처음 미국에 왔을 때에는 아버지를 만나러 잠깐 방문한 것일 뿐이었다. 그래서 신디는 곧 멕시코 고향 집으로 돌아갈 줄 알았다. 하지만 나중에는 가족 모두가 미국에 눌러앉게 되었다.

새로운 환경에 적응하는 것이 쉽지만은 않았다. 전학을 간 학교에서 처음으로 영어를 배우고 다른 미국 학생들을 따라가느라 정말로 힘들었다. 오로지 죽기 살기로 열심히 공부해서 그나마 따라잡을 수 있었다. 하지만 따라잡고 난 뒤에도 신디는 결코 마음을 놓지 않았다. 오히려 반에서 최상위권에 들 때까지 계속해서 열심히 공부했다.

신디는 주변의 다른 이민자 친구들도 자신과 똑같다는 것을 알게 되었다. 그들도 더 나은 삶과 기회를 얻고자 애쓰는, 똑똑하고 부지런한 사람들이었다. 신디가 드림법안 통과를 그토록 중요하게 생각하는 이유도 바로 이 때문이었다. 신디는 자신이 더 높은 교육을 받기 위해서, 자신과 비슷한 처지의 이민자 자녀들이 꿈을 펼치기 위해서 이 법안이 꼭 필요하다고 생각했다. 그래서 여러 가지 방법과 경로를 통해서 이 법안의 필요성을 널리 알렸다. 집 주변의 마을 사람들에서부터, 학교 친구들, 국회의원들까지 가리지 않고 모든 사람들을 설득하려고 애썼다. 그리고 신디의 꿈은 이루어졌다.

신디는 평등권을 위한 투쟁이 끝나지 않았다는 것을 알고 있다. 신디는 드림법안이 의회에서 통과된 후에도 학교, 지방 정부와 함께 활발한 활동을 펼치고 있다. 이민자들이 성공하는 데 보탬이 되는 또 다른 프로그램을 개발하기 위해서다. 신디는 자신이 누린 기회를 다른 사람들도 반드시 얻을 수 있길 바라고 있다. 드림법안은 머지않아 캔자스 주 너머까지 적용될 수 있을 것이다. 신디가 드림법안을 연방 정부 차원으로 확대하기 위해 상원의원들과 함께 노력하고 있으니까 말이다. 신디가 평등권을 확대하는 데 어떤 영향을 미쳤는지, 모든 것은 이제 시간이 지나면 알게 될 것이다.

이주 청소년들과 만들어가는 일곱 빛깔 세상

한국무지개청소년센터

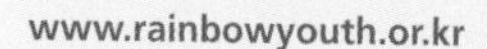

무지개청소년센터는 '우리는 모두 다문화인'이라는 모토 아래 고향을 떠나 한국으로 이주해 온 청소년들을 지원하기 위해 설립된 단체다. 이 센터에서는 세계 곳곳에서 한국으로 이주한 청소년들을 만나 허물없이 친구가 될 수 있다. 그중에는 다문화 가정의 청소년들도 있고, 북한에 살다가 한국에 정착한 새터민 청소년들도 있다. 또한 다양한 문화를 접하고 이해할 수 있는 교육프로그램에도 참여할 수 있다. 특히 '레인보우 스쿨'은 이주 청소년들을 위한 초기 적응 지원 사업과 일반 청소년들의 다문화 인식 개선 프로그램에 앞장서고 있다. 본부는 서울에 있지만, 서울 거주 청소년뿐만 아니라 사회적 지원이 상대적으로 적은 지방 청소년들에게도 관심을 기울이고 있다.

인권 저널리스트

열여섯 살의 보이치에흐 그릭

2003년 어느 날 밤, 열여섯 살이었던 보이치에흐 그릭은 인생을 영원히 바꿔놓을 한 통의 전화를 받았다. 자정이 다 된 시각이라 보이치에흐는 누가 이 시간에 전화를 건 것인지 의아했다. 전화를 건 상대방은 고속도로 순찰대였다. 보이치에흐의 누나 막달레나가 차에 치여 숨졌다는 소식이었다. 너무나 끔찍하고 충격적인 일이었다. 보이치에흐는 누나와 무척 사이가 좋았다. 부모님과 함께 폴란드에서 캐나다의 온타리오로 이민을 온 뒤로 남매는 새 보금자리에서 서로를 믿고 의지하며 지냈다.

보이치에흐는 누나를 되살릴 수 없다는 걸 알았다. 그래도 뭔가 할 수 있는 일이 없을까, 누나의 이름을 사람들이 오래도록 기억할 만한 방법이 없을까 하고 생각했다.

"저는 인터넷 신문 〈자정까지 5분〉을 시작하기로 마음먹었습니다.

인권에 초점을 맞추기로 마음먹었지요."

2003년 보이치에흐는 밤늦도록 컴퓨터 자판을 두들기곤 했다. 책더미에 둘러싸여서 빈곤의 심각함과 사람들의 생명을 위협하는 치명적인 질병, 그리고 당시 이라크에서 발발한 전쟁 같은 사건들에 대해 글을 썼다. 보이치에흐는 해결책을 찾기 쉽지 않은 시사적인 문제들을 제기했고, 그 문제에 대해 함께 의논하고 도와줄 고등학교 친구들을 모집했다. 그리고 직접 문제를 해결하는 데 한몫을 해야겠다고 생각했다. 문제에 관한 다양한 관점과 문제를 직접 겪은 사람들의 이야기를 얻기 위해, 전 세계 청소년들에게 기사를 써달라고 요청했다.

〈자정까지 5분〉에 청소년들이 기고한 기사 목록은 꾸준히 늘었다. 보이치에흐의 기사와 여러 사람들의 기사들은 다른 출판물에도 실렸다. 기사들을 모은 책도 발간되었는데, 사람들은 이 책을 구입함으로써 청소년 단체를 후원하게 된다.

한 달에 한 번 정기적으로 온라인 잡지를 출간하는 것에서 시작했던 〈자정까지 5분〉의 활동은 다양한 프로젝트와 영역으로 발전했다. 잡지 출간 외에도 미디어의 중요성을 알리는 워크숍을 진행하고 있으며, 국제적이고 사회적인 이슈에 대한 청소년들의 관심을 높이기 위한 활동을 벌이고 있다. 이 모든 프로젝트는 청소년 자원봉사자의 참여로 이루어지고 있다. 또한 〈자정까지 5분〉의 자원봉사자들은 '세계도시포럼'이나 '국제에이즈학회'같은 주요 행사에 단체를 대표해서 참가한다.

보이치에흐는 〈자정까지 5분〉을 조그만 신문에서 지대한 영향력을 가진 청소년 단체로 변신시켰다. 전 세계 10대들을 연결하고 국제적인 프로젝트를 준비하는 단체로 말이다. 현재 케냐, 브라질, 네팔, 가나를 비롯해 30개국이 넘는 나라에서 〈자정까지 5분〉의 자원봉사자들이 활동하고 있다. 보이치에흐는 2010년까지 창립자 겸 대표로 7년여 간 〈자정까지 5분〉을 이끌었고, 지금은 인터넷 매체를 운영한 경험을 살려 유명한 컴퓨터 기술자이자 CEO로 활약하고 있다.

전 세계 청소년들에게 나의 생각을 알리자!

자정까지 5분

Five Minutes to Midnight
www.fiveminutestomidnight.org

보이치에흐의 단체는 청소년들에게 인권 문제와 시사 문제를 알리는 일을 한다. 목표는 세계적인 문제에 대한 비판적 사고를 키우고, 그 문제들을 해결하는 일에 청소년을 참가시키는 것이다. 사이트에 방문하면 대중매체 특파원이나 웹 개발자, 기타 자격으로 단체에 자원할 수 있다. 메일링 서비스에 등록해서 자원봉사에 관한 정보를 지속적으로 받아보자.

'세계인권선언'은 개인의 인종, 성, 종교, 정치적 소속, 문화적 신념과 상관없이 모든 사람에게 평등과 건강에 대한 권리가 있고 생각과 표현, 이동의 자유가 있다는 것에 대한 서약이다. 이 선언은 1948년 유엔 회원국이 채택한 후 지금까지 사람들을 대우하는 데 반드시 지켜야 할 기준이 되었다. 그럼에도 불구하고 인권 침해는 그동안 수없이 일어났고 오늘날에도 계속되고 있다.

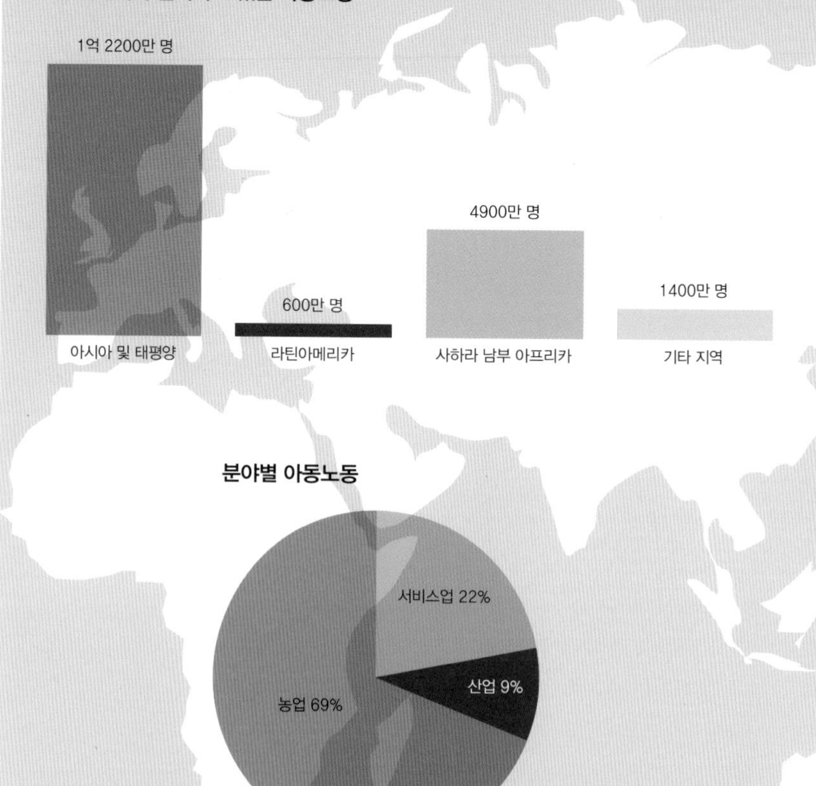

출처 ILO, 2005 - Making Progress in Combating Child Labour

전 세계에서 해마다

- **200~300만** 명에 이르는 여성들이 할례(여성 성기 절제)로 고초를 겪고 있다.
- **200만** 명에 이르는 여성과 소녀들이 인신매매로 팔려가고 있다.
- 이슬람권 여성 **5000**명이 명예 살인('순결'이나 '정조'를 잃은 여성을 살인하는 관습)의 희생양이 되고 있다.
- 18세 미만 **8000만** 명의 여자 아이들이 강제 결혼을 당하고 있다.

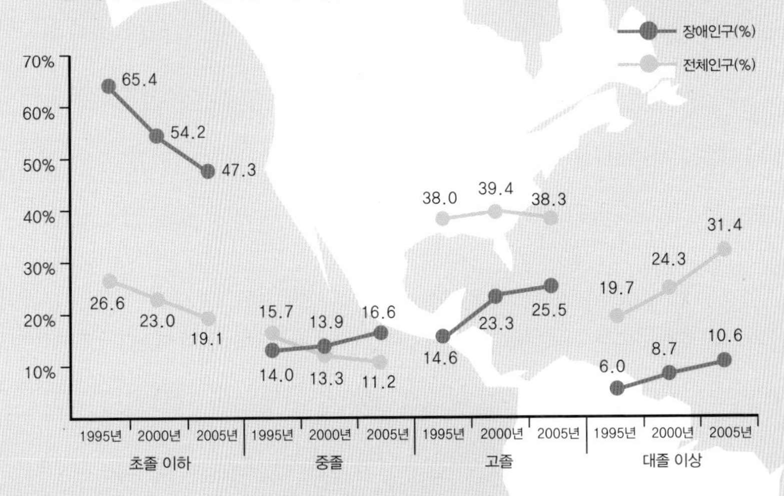

출처 『유엔새천년개발목표 보고서 2012-2013』에서 재인용

지역사회에서 무엇을 할 수 있을까?

1 불평등 사례를 조사하고 알리자

어떤 사람들은 '인권 침해'라는 말을 들으면 자신과는 전혀 상관없는 먼 나라의 이야기라고 생각한다. 하지만 실제로 개인의 권리를 침해하는 일은 언제 어디서나 일어날 수 있다. 예를 들어, 우리나라에서 계속 일어나고 있는 차별 때문에 문화적·민족적·종교적 소수 집단이 정치나 경제 활동에 온전히 참여할 수가 없다. 여기에 여러분이 변화를 일으킬 수 있다.

• 여러분이 사는 지역에서 사람들에게 영향을 미치는 문제들을 알아보자. 아마도 여러분은 법적 권리를 제대로 인정받지 못하거나 권리를 침해당한 개인 혹은 집단에 대해 배웠을 것이다. 우선 지역 언론, 온라인 토론 사이트, 신문, 가까운 도서관을 찾아보자. 모두 정보를 검색하기 좋은 장소다.

• 평등의 메시지를 퍼뜨릴 장소를 고르자. 시사 블로그나 트위터 같은 소셜 네트워크 서비스 사이트에 의견을 올리는 것도 좋다. 또 이메일 캠페인을 벌임으로써 사람들이 인권 침해에 대해서 자각하게 하거나 정책 결정을 담당하는 사람들에게 영향력을 발휘할 수도 있다.

• 불평등에 대해 알릴 수 있는 공개적인 행사를 준비하자. 선생님들과 함께 학교에서 행사를 열거나 광장에서 벌일 공개 캠페인을 준비할 수 있다. 또 불평등하고 차별적인 사업을 보이콧(거부)하는 활동도 염두에 두자.

• 문제의 결과를 좌우할 결정권이 있는 사람들을 만나자. 기업주, 국회의원, 권리를 인정받지 못하는 사람들을 위해 일하는 사회단체의 활동가 등을 만나 그들을 설득하거나 자신의 견해를 전달하는 것만으로도 큰 효과를 거둘 수 있다.

2 여성들의 권리를 지지하자

어떤 나라나 문화권, 종교권에서는 여성이 남성보다 열등하다고 여긴다. 이런 사고방식은 여러 가지 형태의 불평등과 불의로 이어진다. 여성은 교육을 받을 기회도 제한되고 정치에 참여할 수도 없으며, 인신매매를 당하거나 성폭력, 그리고 그 밖의 끔찍한 범죄에 희생된다. 어떻게 해야 할까?

• 인신매매를 막는 일을 돕자. 인신매매는 사실상 세계 모든 나라에서 일어나고 있다. 여성과 아동은 인신매매의 주요 대상이다. 이들은 학대의 희생물이 되거나 강제로 성매매업 종사자가 되기도 한다. 휴먼 트래픽킹 웹사이트(www.humantrafficking.org)를 방문해서 인신매매를 막는 일을 지지하려면 어떻게 해야 하는지 알아보자. 이 웹사이트는 여러분이 어디에 살든 상관없이 실천해볼 수 있는 활동들을 알려준다.

• 폭력과 성적 학대에 반대하는 뜻을 공개적으로 밝히자. 신체적이든 언어적이든 감정적이든 폭력과 학대는 사람에게 오랫동안 영향을 미친다. 주로 여성이 희생자가 되는데, 상당수가 학대받은 사실을 밝히지 않고 침묵한다. 가해자를 두려워하기 때문이다. 보통 가해자는 피해 여성의 동료나 배우자인 경우가 많다. 성인뿐만 아니라 청소년들 사이에서도 강간과 데이트 폭력과 같은 성폭력이 증가하고 있다. 문제의 심각성을 알리는 데 여러분도 참여할 수 있다. 학대받는 사람들을 돕는 자원봉사 프로그램에 참여하거나 학교 캠페인을 벌일 수도 있다.

3 인권 단체를 위해 모금하자

많은 정부 기관과 비영리 NGO 단체들이 인권 문제에 대처하기 위해서 다양한 일을 하고 있다. 여러분이 불의에 맞서는 활동에 힘을 실어 주고 싶다면 단체를 위해 모금을 하면 좋겠다. 기부금은 액수가 얼마든 환영받을 것이다. 모금 방법은 여러 가지다.

• 자선 행사를 열자. 행사의 명분이 무엇인지, 기부금이 어디에 쓰이는지를 확실하게 알리자. 학교나 교회, 마을회관, 또는 지역의 다른 장소들에서 행사를 열 수 있다. 최대한 많은 사람들이 모일 수 있도록 오락이나 게임 등 매력적인 흥밋거리들을 마련하자.

• 밴드들을 모아 콘서트를 준비하자. 여러분이 음악을 좋아한다면 '인권 콘서트'가 안성맞춤이다. 서로 다른 음악 그룹끼리 경쟁하는 '밴드 경연대회'를 여는 것도 좋겠다. 행사를 무료로 열고, 참석한 사람들에게 기부금을 요청하자. 학교와 지역사회에 행사를 알리자.

• '모바일 액션'에 동참하자. 국제 인권 단체인 국제앰네스티 한국지부에서는 휴대폰 문자 메시지로 인권 보호를 위한 서명에 참여하는 활동을 벌이고 있다. 휴대폰을 소지하고 있는 사람이면 누구나 언제 어디서든지 쉽게 모바일 액션에 참여할 수 있다. 신청 방법은 #1961

로 '모바일액션신청:신청자 이름'을 문자로 보내는 것이 끝. 100원의 정보이용료가 부가된다. 이렇게 모아진 문자 서명은 인권 보호 활동에 사용된다.

• '편지쓰기 마라톤' 캠페인에 참여하자. 매년 12월 10일 세계 인권의 날을 기념해 수많은 양심수와 인권침해 피해자를 위해 이메일을 쓰는 세계 최대 규모의 탄원 캠페인이다. 우리가 쓴 편지들은 마라톤 완주 거리인 42.195킬로미터보다 더 긴 희망의 메시지를 만들어낼 수 있다니, 국제앰네스티 한국지부(amnesty.or.kr)에서 자세한 내용을 확인해 보자.

국제앰네스티

www.amnesty.or.kr

1963년 창설된 세계 최대의 인권 단체로서, 고문이나 실종, 사형, 난민 등 인권 문제의 개선을 위해 활동하고 있다. 세계 평화와 인권 보호에 대한 공로를 인정받아 1977년 노벨평화상과 1978년 유엔인권상 등을 수상했다.

유엔 인권이사회

유엔 경제사회이사회 산하 위원회로서 세계의 인권보호 및 증진을 목표로 1946년에 창설된 유엔 인권위원회가 권한 및 역할을 증대시켜야 할 필요에 의해 2006년 유엔 인권이사회로 대체되어 활동하고 있다.

유엔 인권고등판무관

www.ohchr.org

인권과 관련한 유엔의 역할을 확대하기 위해 유엔 사무총장 하에 유엔 인권고등판무관을 두어 관련 활동을 하고 있다. 유엔 인권고등판무관실은 제네바에 본부가 있으며, 난민 문제를 비롯한 인권 관련 각국별 현안을 조정, 권고하는 일을 한다.

한국 국가인권위원회

www.humanrights.go.kr

인권의 관점에서 국가기구를 감시하고 견제하는 인권기구다. 국가가 행해 왔던 직접적인 인권침해 행위를 감시 및 방지하고, 국가가 진행하는 각종 제도와 법률, 관행, 정책들에 대해서 검토하고 개선하도록 요청하며, 국가가 하는 인권보호와 지원 기능을 나누어 맡고 있다. 인권을 침해당한 개인이나 집단의 진정을 접수하고 조사한다.

한국인권재단

www.humanrights.or.kr

한국인권재단은 1999년 설립된 이후 인권이 사회 모든 영역에서 중요한 가치가 되는 열린 공동체를 만들기 위해 인권 연구, 담론의 심화와 인권 문화의 확산, 인권교육 및 리더십 양성을 통하여 인권 친화적 가치와 문화에 기반한 제도를 실현하고자 노력하는 비영리 민간재단이다.

글로벌하게 무엇을 할 수 있을까?

1 전 세계 청소년의 권리를 지지하자

유엔은 아동의 권리를 보호하기 위해 1989년 아동권리협약을 채택했고, 세계 193개 국가가 이 협약을 비준했다. 하지만 불행하게도 아동의 인권 침해가 아직 빈번하게 일어나고 있다.

예를 들어 아동노동이나 인신매매는 여전히 여러 지역에서 공공연하게 벌어지고 있다. 어떻게 하면 세계 곳곳에 있는 청소년들의 권리를 지지할 수 있을까?

• 살 곳과 먹을거리 등 청소년에게 필요한 것들을 공급하는 데 힘을 보태자. 나라마다 적잖은 아이들이 아동권리협약에서 요구하는 기본적인 필수품도 없이 살아가고 있다. 지역 자선 단체에 연락해서 여러분이 어떻게 하면 도움을 줄 수 있는지 알아보자.

• 아동을 위해 일하는 국가기관이나 국제기관과 관계를 맺자. 이런

단체를 위해 기부금이나 기부 물품을 모으는 모금 행사를 마련하면 좋겠다. 이를 테면, 모은 기금을 부모의 빚 때문에 노예 노동에 매인 아동들을 해방시키는 단체에 보내줄 수 있다.

2 노예제도와 불법 노동을 폐지하기 위해 힘쓰자

노예제도는 오늘날 가장 시급히 해결해야 할 인권 문제다. 사람들이 노예 노동에 종사하거나 인신매매를 당하는 가장 큰 이유는 바로 '빚'이다. 대다수의 어린이와 청소년들은 부모가 빚을 갚을 수 없어서 어쩔 수 없이 노동자로 내몰린다. 이런 청소년들은 공장이나 매춘업소에서 강제로 일하게 되거나 무력 분쟁 지역에 끌려가 소년병으로 싸우게 된다. 이런 일과 잔혹 행위가 사라지게 하려면 어떻게 해야 할까?

• 인권 침해에 대해 공부하고 반대 의사를 널리 알리자. 여러분이 직접 경험하거나 알게 된 인권 침해를 자세히 조사하고 다른 사람들에게 알리자. 신문사 운영진에게 편지를 보낼 수도 있고, 시사 문제 채팅방에서 여러분의 입장을 밝힐 수도 있다. 기사를 써서 지역이나 전국의 신문, 잡지에 실을 수 있게 제출하는 것도 고려해보자.

• 아동노동에 반대하는 캠페인을 시작하자. 전 세계 수백만 명의 아

동들이 가족의 생계를 부양하기 위해 일하고 있다. 만약 이런 고용이 아동의 건강이나 교육에 해를 끼치지 않고 충분히 보상을 하는 경우라면 문제가 없을 것이다. 그러나 상당수의 아동들이 위험천만한 일을 하고 있으며, 말도 안되는 보수를 받거나 아예 보수를 받지 못한 채 노예와 다름없는 강제 노동에 시달리고 있다. 사람들은 종종 자신의 구매 습관이 이런 관행의 원인이 된다는 사실을 깨닫지 못한다. 소비자들에게 이런 상황을 알리는 정보 제공 캠페인을 마련해보자. 여러분이 염두에 둘 대상은 아동노동으로 생산한 상품을 파는 회사이다. 구매자들에게 불법 노동 관행에 대한 정보를 담은 전단을 나눠줄 수 있고, 불매운동을 지원하는 일에 관심을 가질 만한 사람들에게 단체 메일을 보낼 수도 있다. 또는 소비자 고발 블로그에 의견을 올리는 것도 좋겠다.

• 외국의 정책을 관찰하자. 여러분은 많은 정부가 어떤 나라하고든 정치적 · 경제적으로 동업을 하고 있다는 걸 알고 있는가? 설령 그 나라가 인권 문제에 관련해 끔찍한 기록을 갖고 있더라도 말이다. 많은 인권 운동가들이 이것을 인권 침해에 대한 암묵적인 지지라고 믿고 있다. 여러분도 이에 동의한다면, 우리나라가 대표적인 인권 침해 범죄자들을 어떻게 처리하고 있는지 확인해보라. 만약 알아본 결과가 좋지 않다면 공무원에게 혹은 신문이나 온라인 공개 토론회에 반대 의사를 나타내자.

③ 해외 봉사 활동에 참여하자

봉사 여행을 가보면 어떨까? 많은 청소년 단체들이 전 세계에서 자원봉사를 할 수 있는 기회를 제공하고 있다. 의무 기간은 1주일에서 1년(혹은 그 이상)까지 다양하다. 참가 기회를 살펴볼 때는 나이 제한과 비용, 임무 수준을 반드시 유념하도록 하자.

해외 봉사단 신청 Tip

1. 영어를 미리 공부해두고 현지어 사전을 꼭 하나 챙기자.
2. 봉사단 모집은 보통 2개월 전이다. 서류 심사, 면접 심사 등 치열한 경쟁을 거쳐야 하므로 준비할 것들을 미리 확인한다.
3. 지원서 작성 시에는 지원 이유와 자신 있는 봉사 활동 종류를 명확하게 밝힌다. 그저 가볍게 해외 문화 체험을 하러 간다는 식의 지원서는 퇴짜 맞기 쉽다.
4. 특기나 재능이 있다면 부각시켜 신청서를 작성한다. 특기나 재능은 현지 봉사를 가서도 유용하다. 풍선 아트, 마술, 벽화 그리기 등 자신만의 특기를 미리 준비해두자.

"이 세상은 완벽하지 않습니다.
그래서 세계는 변화를 일으킬 수 있는
능력을 가진 사람들,
앞장서서 도울 자원과 지원 체계가 있는
사람들에게 달려 있습니다."
-열여덟 살의 미히리 틸라카라트네

더불어 사는 세상

굶주림과 집 없는 삶은 전 세계적인 문제다. 특히
개발도상국에서는 제한된 경제 개발, 전쟁, 질병, 인구 과잉,
서투른 국가 관리, 환경 재해 등으로 인해 빈곤이 더욱
혹독하고 만연하다. 세계에서 가장 지원이 필요한 지역은
아시아, 아프리카, 유럽 중부, 라틴아메리카 지역이다.

유럽
네덜란드

거리의 아이들을 보살핀
열여덟 살의 일로나 쇠르

일로나 쇠르는 다른 사람을 돕고 싶었다. 그렇다고는 해도 처음에는 어떻게, 어디에서, 누구를 도와야 할지 확신이 서지 않았다. 우연한 계기로 일로나는 해외여행을 떠났는데, 이 여행에서 돌아온 후 일로나의 삶은 완전히 바뀌었다. 자신의 고향이자 네덜란드의 수도인 암스테르담에서 집 없는 아이들을 돕고 지지하기 시작한 것이다. 일로나는 네덜란드에서 집 없이 살고 있는, 어림잡아 1만 명 정도 되는 청소년들 가운데 일부를 돕고 있다.

일로나는 '돈보스코'라는 국제 봉사단체를 통해 일했다. 이 단체는 다양한 활동을 통해 청소년들을 지역사회와 다시 연결시키는 일을 한다. 예를 들면, 함께 교육 모임에 참석하거나 박물관을 방문하면서 함께 시간을 보낸다. 집 없는 아이들은 대부분 사회로부터 스스로가 고립되고 떨어져 있다고 느끼기 때문에 돈보스코의 프로그램에서는 10대 청소년들을 일로나와 같은 멘토와 짝지어준다. 서로 경험을 공유하고 새로운 친구를 사귈 기회를 주는 것이다. 집 없는 아이가 지역사회에서 사회적인 유대 관계를 구축하기 시작하면 보다 안정적인 삶으로 더욱 쉽게 나아갈 수 있다.

일로나는 어떻게 해서 가난한 청소년들을 돕게 되었을까? 2003년에 인도의 비자야와다로 여행을 간 일이 일로나에게 계기가 되었다. 비자야와다는 인구 100만 명이 넘는 큰 도시였지만, 수많은 아이들이 돌봐줄 어른이 없어서 거리에서 생활하고 있었다. 당시 열여덟 살이었던 일로나는 자신이 그 아이들의 삶에 변화를 일으킬 수 있다고 생각했다. 일로나는 아이들과 함께 시간을 보내고, 살아갈 수 있는 방법을 가르쳐주고, 큰언니 같은 존재가 되어주었다. 이 경험을 통해 일로나는 물품이나 돈을 기부하는 것만이 변화를 가져오는 것은 아니라는 사실을 깨달았다. 관계를 맺고 진심으로 보살펴주는 일 역시 아이들의 삶에 변화를 일으키는 중요한 일이었다. 일로나는 이렇게 말한다.

"난 지도자가 아니에요. 단지 그들에게 안내자가 되어줄 뿐이죠. 난 그들을 이끌지 않아요. 그들과 함께 있어줄 뿐이죠."

암스테르담으로 돌아온 뒤에도 일로나는 여행에서 배운 교훈을 제대로 실천하고 있다. 일로나는 한때 자신들이 고립된 세상에서 살고 있다고 믿었던 10대들과 관계를 쌓아가고 있다. 그리고 '갈 곳 없이 거리를 헤매던' 아이들은 이제 공동체의 일원이 되어가는 중이다. 일로나와 관계를 맺었던 거리의 아이들은 공동체 안에 사는 모든 이들을 위해 공동체를 더 나은 곳으로 가꾸어가는 진정한 일원이 되어가고 있다.

거리의 아이들을 가르치자!

돈보스코 청소년센터

Don Bosco Youth Net
www.donboscoyouth.net
한국 돈보스코 청소년방송국 www.dboys.or.kr

돈보스코는 이탈리아의 사제 요한 보스코의 정신을 기리며 활동하는 청소년 단체다. 1816년 이탈리아의 작은 마을에서 태어난 보스코는 1841년에 사제가 되었다. 신학 연구를 위해 토리노에 체류하는 동안, 전쟁으로 부모를 잃은 아이들, 비인간적인 공장 노동에 시달리는 소년들, 감옥에 수감된 청소년들을 만나면서 그들에게 관심을 기울이기 시작했다.

평생을 청소년 교육에 헌신한 보스코는 아홉 살 때 꾼 꿈을 예언적 계시로 여겼다. 꿈속에서 서로 엉키어 치열한 싸움을 벌이던 사나운 이리 떼들이 어느새 순한 양으로 변했다고 한다. 이 꿈을 계기로 보스코는 거리의 청소년들이 죄를 짓기 전에 미리 교육을 하고 돌봐주겠다는 결심을 한다.

보스코는 1946년 토리노 교외의 바르도코에 약 700명의 청소년들이 살고 교육받는 청소년 마을을 지었다. 도심지를 떠돌며 방황하는 가난한 청소년들을 위해 기숙사와 학교, 일자리를 마련해준 보스코의 정신을 이어받아, 청소년 단체 돈보스코는 세계 12개 국가에서 청소년을 지원하기 위해 고안된 교류 프로그램을 운영하고 있다.

한국에는 '돈보스코 청소년방송국'이 운영되고 있는데, 청소년들은 스스로 올바른 청소년 문화를 만들어가기 위해 영상물을 제작하고 영화제를 개최한다.

고아들을 돌본
열여덟 살의 나스타시아 본다렌코 에드워즈

브라질 콘코르지아의 드문드문한 가게들 사이로 먼지 쌓인 길을 걷고 있을 때였다. 열여덟 살의 나스타시아는 자기 옆을 지나쳐 쏜살같이 달려가는 아이들을 바라보았다. 등을 훤히 드러낸 그 아이들이 입은 것이라고는 누더기 같은 반바지뿐이었다.

"저는 제 자신에게 묻고 또 물었어요. 내가 뭘 할 수 있을까?"

당시 나스타시아는 '국제로타리클럽'의 교류 프로그램에 참여하고 있었다. 그래서 고향인 오스트레일리아의 빅토리아 주와는 멀리 떨어진 브라질에 있었던 것이다.

브라질에는 경제적으로 풍족한 아름다운 곳도 많이 있지만, 나스타시아는 콘코르지아의 가난한 마을에 정이 들었다. 나스타시아는 뭔가 도움을 주고 싶었다. 그러다가 한 고아원에서 자원봉사를 하게 되었고, 기회가 찾아왔다. 고아원에는 320명이 넘는 아이들이 있었다. 나스타시아는 아이들과 함께 축구를 하고 줄넘기를 했다. 어떤 날에는 아이들에게 오스트레일리아에 대해 가르쳐주고 자신이 겪었던 일들에 대해 이야기해주었다. 아이들은 함께 노는 것도, 나스타시아의 이야기도 너무나 좋아했다. 나스타시아와 아이들은 금세 두터운 우정을 나누게 되었다.

고아원에서 아이들과 보내는 시간이 굉장히 즐거웠지만, 나스타시아는 그 정도에서 만족할 수 없었다. 곧 있으면 어린이날이었다. 브라질에서 어린이날은 어린이들이 선물과 귀한 대우를 받는 날이다. 하지만 고아원에 있는 아이들은 그런 특별한 날에도 아무것도 받지 못한다. 나스타시아도 그것을 알고 있었다. 정확히 말하면, 나스타시아가 아무것도 하지 않는다면 그렇게 될 터였다.

나스타시아는 오스트레일리아로 돌아간 로타리클럽 회원들에게 어린이날에 고아원 아이들에게 선물을 줄 수 있도록 기부해달라고 편지를 썼다. 그리고 되도록 많은 회원들이 그 편지에 회답해주기를 바랐다.

기다리던 어린이날, 나스타시아는 동료 회원들이 보내준 기부금 액수를 보고 깜짝 놀랐다. 자신이 예상한 것보다 훨씬 많은 액수의 기부금이 모아진 것이다. 아이들에게 어린이날 선물을 주는 것은 물론, 고아원 놀이터의 놀이기구와 악기도 새로 살 수 있었다. 이것은 단순히 기념일을 축하하는 정도의 의미를 뛰어넘는 수준이었다. 고아원 환경을 장기적으로 개선해서 어린이들이 수년에 걸쳐 좋은 환경에서 지낼 수 있도록 해줄 수 있었다.

브라질에 머물렀던 마지막 날, 나스타시아는 그토록 깊게 정이 든 아이들을 마지못해 떠났다. 나스타시아는 큰언니가 되어 아이들을 이끌어 주었고 자신이 가진 사랑과 지식을 전해주려고 애썼다. 하지만 아이들은 그보다 더 많은 것을 나스타시아에게 보답해주었다.

Click!

세계를 연결하는 자원봉사자 네트워크
국제로타리클럽

국제로타리클럽은 전 세계 200여 개국 120만 명의 자원봉사자들로 구성된 봉사 단체로, 인도주의 활동을 통해 세계 평화에 이바지하고 있다. 주로 경영자, 전문 직업인, 지역사회의 리더들로 구성된 이 단체의 회원들은 높은 수준의 직업적인 도덕성을 견지하는 한편, 문해력 증진, 질병 퇴치, 기아 및 빈곤 감소, 안전한 식수 제공 등 주요 현안들에 대처하기 위해 노력하고 있다.
한국에서 로타리 운동은 1927년부터 시작되어 역사가 매우 깊다. 현재 17개 지구, 1,500여 개 클럽, 6만여 명의 회원들이 참여하고 있다. 특히 1973년부터는 가난한 학생들에게 장학금을 지급해 공부할 수 있도록 독려하는 장학 사업을 펼치고 있어서 많은 학생들이 혜택을 받고 있다.

아시아
스리랑카

쓰나미가 휩쓴 **마을을 살린**
열여덟 살의 미히리 틸라카라트네

미히리는 미국 캘리포니아에서 살고 있지만, 마음의 고향은 스리랑카다. 부모님이 스리랑카 출신이라서 어릴 때 부모님을 따라 여러 번 스리랑카에 가보았기 때문이다.

나이가 들면서 미히리는 스리랑카 시골 지역에 사는 사람들 중 상당수가 가난과 굶주림으로 고통받고 있다는 것을 알고 깜짝 놀랐다. 그리고 도와줘야겠다고 마음먹었다. 미히리는 스리랑카의 구호단체에서 일하면서, 유치원 학급을 운영하는 데 필요한 기금을 모으는 운동과 매우 가난한 지역사회에 도움을 줄 수 있는 은행을 짓는 운동에 참여했다. 또 안경이 필요하지만 구입할 능력이 없는 사람들에게 안경을 제공하는 활동에도 참여했다. 미히리가 참여한 활동들은 서로 연관이 없어 보일지도 모르지만 모두 다 지역사회에 꼭 필요한 것들이다. 미히리가 우선적으로 실천했던 활동들은 미히리가 돕고 싶어 했던 사람들에게 꼭 필요한 일이었다.

2004년 12월, 거대한 쓰나미가 동남아시아의 여러 나라를 휩쓸었고 스리랑카 역시 여러 지역에 피해를 입었다. 미히리는 바로 행동을 개시했다. 구호 활동을 하기 위해 자신이 다니는 미국의 고등학교 학생들에게 성금을 모았다. 그리고 캘리포니아 전역에 있는 다른 학교들까지 찾아다녔다. 돈과 장난감과 여러가지 물품을 모아 피해를 입은 지역에 있는 어린이들에게 보내주었다.

미히리는 거기에서 멈추지 않았다. 수개월 동안 미히리는 자신이 다니던 절에서 2만 5,000달러를 모았다. 이 돈으로 쓰나미로 집을 잃은 50가구에게 모자람이 없이 새 집을 지어줄 수 있었다.

미히리가 스리랑카를 돕기 위해 벌이는 운동은 끝이 없는 것 같다. 미히리는 하버드 대학을 졸업하고 스리랑카로 가서 마을 살리기 운동을 벌였다. 깨끗한 물, 더 많은 교육 기회, 기술 센터 등 공동체에 필요한 여러 가지 공공서비스를 스리랑카의 시골 지역에 제공하는 계획들을 연구하는 것이 그녀의 일이다. 미히리의 헌신은 많은 사람들에게 귀감이 되었고, 그녀는 많은 단체로부터 수상의 영광을 안았다. 지금도 미히리는 여전히 마음의 고향인 스리랑카에서 주민들과 함께 빵을 구우며 더 나은 마을을 만들기 위해 노력하고 있다.

사랑의 집짓기 운동

해비타트

Habitat for Humanity
www.habitat.org
한국해비타트 www.habitat.or.kr

해비타트의 꿈은 전 세계의 빈민가를 없애고 모든 사람들이 아담한 집과 좋은 동네에서 살 수 있도록 하는 것이다. 그러기 위해 많은 사람들이 협력하여 집을 짓는다. 현재 95개 국가에서 활동하고 있으며, 1976년 활동을 시작한 이후 2011년까지 50만 채의 집을 짓거나 고쳤고, 150만여 명의 사람들이 새로운 삶을 시작할 수 있도록 도왔다. 앞으로 5년 안에 또 다시 30만 채의 집을 지을 예정이다. 현장에 가서 직접 집을 짓는 활동에 참여하려면 16세 이상이어야 하지만, 청소년 연합 프로그램을 이용하면 다양한 방법으로 자원봉사를 할 수 있다. 계획을 짜거나 모금을 하고, 자원봉사자들에게 연락하는 일을 담당하는 것이다.
해비타트의 가장 큰 장점은 집 가까이에서부터 전 세계까지, 다양한 지역에서 진행되는 봉사 활동에 참여할 수 있다는 것이다. 세계 여러 지역의 해외 자원봉사 프로그램도 있으니 홈페이지를 클릭해보자.

- 국내 건축 자원봉사: 4~10월 중 평일 또는 주말에 봉사자가 원하는 날짜만큼 신청하여 건축 자원봉사자로 참여 가능하다.
- 해외 건축 자원봉사: 세계 각국으로 팀 단위의 봉사자를 파견하여 현지 주민과 홈파트너와 함께 집을 짓고 타문화를 체험하며 안락한 집의 필요성을 널리 알리는 일 등을 한다.

아메리카
미국

허리케인으로 무너진 **마을을 일으킨**

열일곱 살의 쌍둥이 스타우트 형제

만약 허리케인이 여러분이 살고 있는 주변 지역을 휩쓸고 지나간다면 어떻게 하겠는가? 미국 루이지애나 주의 뉴올리언스에 살고 있는 윌리엄 스타우트와 패트릭 스타우트라면 당장 도와주러 나설 것이다.

2005년 허리케인 '카트리나'가 뉴올리언스를 비롯한 미국 남부 지역과 멕시코 만 연안을 강타했을 때 이 지역 대부분이 침수되어 아수라장이 되었다. 설상가상으로 정부에서는 재해가 일어났는데도 시민들을 구제하기 위한 적극적인 대책을 펼치지 않았고, 수습을 위한 노력도 미진하기만 했다. 특히 피해를 크게 입은 사람들은 대부분 가난한 사람들이었고, 상당수가 교육도 제대로 받지 못한 아프고 병든 사람들이었다. 재해 복구에 힘쓰지 않는 정부를 기다리며 넋을 놓고 있을 수는 없었다. 이때 쌍둥이 스타우트 형제가 곧바로 행동을 개시했다.

"우리 집은 꼭 폭탄을 맞은 것 같았어요."

윌리엄은 그렇게 전했다. 자신들도 큰 피해를 입었지만 윌리엄과 패트릭은 공동체와 이웃들을 포기하지 않았다. 포기하기는커녕 단짝 친구인 웨이드 트로스클레어와 함께 '청소년 뉴올리언스 재건 모임'(www.yrno.com)이라는 단체를 만들어 공동체 재건 운동을 시작했다.

"우리는 매주 모든 근처의 학교를 돌아다니며 마을을 되살리는 데 참여해달라고 연설했어요. 그러자 또래 친구들이 팔을 걷어붙이기 시작했죠."

허리케인 카트리나

2005년 9월 미국 남부 지역을 강타한 초대형 허리케인으로, 2,541명의 인명 피해를 낳았고 주택과 상가가 완전히 침수되었다. 또한 약탈과 전염병이 발생해 유례 없는 피해 기록을 세웠다.

스타우트 형제가 다니던 고등학교의 청소년들도 힘을 보태어 도시 전역에서 대청소 작업을 실시했다. 아이들은 쓰레기를 줍고, 학교와 교회에 페인트칠을 하고, 방치되어 제멋대로 자란 잡초를 잘라내어 공공장소를 아름답게 꾸몄다. 그 밖에도 할 수 있는 일이라면 뭐든지 했다. 도시를 재건하기 위해 아이들이 바친 노력과 헌신은 많은 사람들과 학생들에게 전해졌다. 뒤이어 '청소년 뉴올리언스 재건 모임'의 지부가 도시 주변에 있는 고등학교들에서도 여럿 생겨났다.

허리케인 '카트리나'는 뉴올리언스와 멕시코 만 연안의 대부분을 파괴했지만, 스타우트 형제와 같은 청소년들은 고향과 이웃 마을을 다시 일으키기 위해 지금도 애쓰고 있다. 폐허 속에 넋을 잃고 있던 이재민들을 일으켜 세운 것은 정치인이나 공무원이 아니었다. 스타우트 형제가 이웃들을 돕기 위해, 공동체를 일으키기 위해 앞장선 것처럼 재난 속에서 발견한 이웃에 대한 믿음이 뉴올리언스를 새롭게 탈바꿈시킨 것이다.

청소년적십자

Red Cross Touth
www.redcross.org
한국청소년적십자 www.redcross.or.kr/rcy

청소년적십자는 청소년들의 적십자 활동을 위해 조직한 국제 단체다. 140년 전 앙리 뒤낭이 전쟁터에서 차별 없이 부상자를 구호했던 인도주의 봉사 활동의 정신을 근본으로 다양한 활동을 펼친다. 고통받는 주변 이웃을 위한 봉사 활동, 사회복지 시설 방문, 장애인 돕기, 농어촌과 도시 봉사 활동, 재난을 당한 세계 각국의 청소년들에게 구호물자와 장학금을 보내는 운동을 전개하고 있다.

가난한 사람들은 굶어 죽거나 위험에 노출될 위협을 받을 뿐만 아니라 앞으로의 삶에 대해서도 끊임없이 걱정해야 하기 때문에 정신적인 스트레스로 고통받는다. 게다가 인신매매, 폭력, 학대, 불법 노동과 기타 인권 침해에 희생되기도 한다. 특히 아동은 이러한 위험에 가장 많은 영향을 받는다. 아동은 강제로 군인이 되어 싸우거나, 위험한 기계나 장비를 다루는 일을 하거나, 성매매를 당할 수 있다. 이렇게 극한 상황에서는 아동이 교육을 받을 기회도 의도적으로 매우 심하게 제한을 받게 되고, 따라서 착취는 무기한으로 계속된다.

영양 결핍에 시달리는 개발도상국 사람들

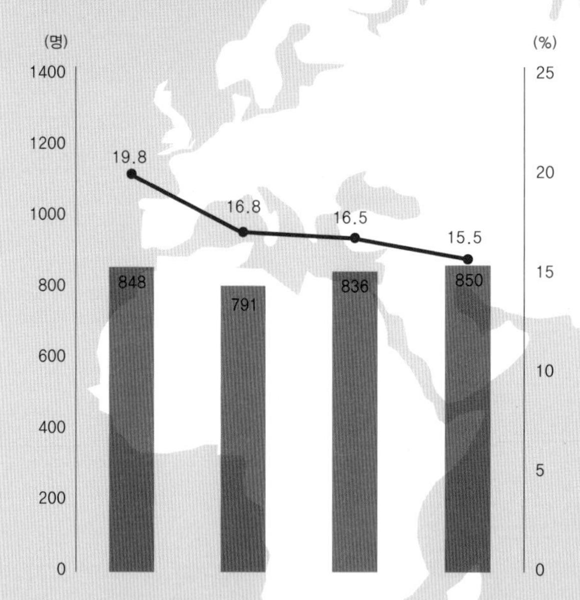

출처 World Bank - WDI 2007 Merrill Lynch - World Wealth Report 2006

● 전 세계에서 하루 1400원 이하의 소득으로 생활하는 노동자는 **4억 5600만** 명이다.

● 하루에 1만 6000 명의 어린이들이 굶주림 때문에 죽는다. **5**초에 **1**명꼴로 죽는 셈이다.

● 전 세계의 어린이 20억 명 중 **6억 4000만** 명, 전체 어린이의 **1/3**이 제대로 된 집이 없는 채 살고 있다.

● 하루에 2달러 미만으로 살아야 하는 사람들이 **26억** 명에 달하지만, 재산이 100만 달러 이상인 사람들은 **870만** 명으로 백만장자와 가난뱅이의 엄청난 격차를 보여준다.

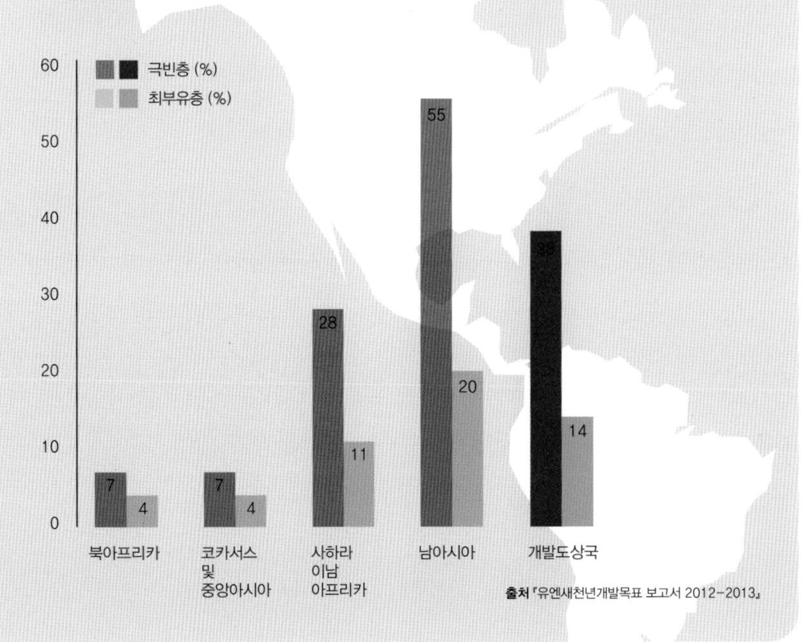

출처『유엔새천년개발목표 보고서 2012-2013』

지역사회에서 무엇을 할 수 있을까?

1 가난한 사람들을 돕는 지역단체에서 자원봉사를 하자

여러분이 사는 지역의 무료 급식소나 어려운 이웃을 위한 쉼터를찾아보자. 또 종교단체나 학교, 기타 지역단체에서도 봉사 활동 기회를 찾을 수 있다. 만약 적당한 곳을 찾기가 어렵다면 '두 썸딩'(www.dosomething.org)을 방문해보자. 이 웹사이트는 전 세계적으로 기아와 주거 문제를 해결하려는 프로젝트에 관해 다양한 정보를 제공한다.

한국에서 참여 가능한 봉사 활동 기회를 찾으려면 '청소년 자원봉사 활동정보 서비스'(www.dovol.net)나 '1365 자원봉사포털'(www.1365.go.kr)에 방문해보자. 여러분이 살고 있는 지역사회에서 가까운 이웃들에게 도움의 손길을 줄 수도 있고, 아프리카나 동남아시아 등 세계의 어려운 지역에 찾아가 새로운 친구들을 만나 봉사를 펼칠 수도 있을 것이다. 이외에도 이 책의 이곳저곳에 나오는 모든 단체들에서 자원봉사를 할 수 있다.

2 가난한 사람들에게 줄 물품을 모으는 운동을 펼치자

지역사회의 가난한 사람들에게 나누어줄 수 있는 보존 식품, 담요, 옷(모자, 코트, 장갑 같은 겨울 의류 포함), 장난감 등의 물품을 기부해 달라고 요청할 수 있다. 여러분의 학교나 교회, 소속 단체에 도움을 청해도 좋다. 아래와 같은 간단한 절차에 따라 물품을 모을 수 있다.

• 지역사회에 필요한 것이 무엇인지 조사하자. 기아와 주거 문제를 다루는 지역단체에 연락해서 어떤 물품이 필요한지 물어보고, 기부 받은 물건을 어떻게 분배할 것인지에 대해서도 토의하자.

• 공무원, 교직원, 지역 사업가들과 협력해 여러분의 마을에 성금과 기부 물품을 지속적으로 모으는 특정한 장소를 만들자. 또한 사람들에게 후원자가 되어줄 것을 요청해보자.

• 캠페인을 광고하자. 신문사, 방송국, 웹사이트에 기부 운동에 동참하도록 사람들을 북돋워달라고 요청하자. 기부를 위해 지정된 장소와 시간, 기부한 물건이 전달되는 곳에 대해 상세히 알리는 공익광고를 해도 좋다. 또 포스터를 붙이거나 전단을 나눠주어도 좋다.

• 재활용샵의 프로그램에 참여하자. 헌 물건, 내게는 필요 없지만 버리기에는 아까운 물건의 주인을 찾아줌으로써 물건의 수명을 연장시키

고 쓰레기는 줄일 수 있다. 이익금은 국내와 해외의 어려운 이웃을 돕는 데 사용된다. '아름다운 가게'(www.beautifulstore.org)와 '기아대책 행복한 나눔'(www.bemyfriend.or.kr)에 방문해서 재활용 참여 방법을 알아보자.

• 여러분의 캠페인을 달력에 표시된 기념일이나 특별한 행사와 연계하자. 예를 들어, 음식과 선물을 기부하는 행사는 보통 연말연시에 열린다. 독거노인들에게 김치나 쌀을 가져다 드리거나, 설날과 추석에 음식을 나누는 일, 겨울에 이불이나 두툼한 옷가지를 기부하는 일에도 관심을 갖자. 또 마을이나 도시의 축제 기간에 캠페인을 해도 좋다. 이런 축제 기간에는 많은 사람들이 지역 사회를 지지하고자 나서므로 캠페인의 효과가 크다.

3 굶주리거나 집이 없는 사람들을 옹호하자

어떤 사람들은 가난한 사람들이 '게으르거나' 단지 '일을 하지 않는다'고 여긴다. 하지만 가난은 사실 굉장히 복잡한 문제라서 몇마디 편견 섞인 말로는 단순하게 설명할 수 없다. 굶주리거나 집이 없는 사람들의 문제에 대해, 특히 그 원인과 결과에 대해 조사해보고 그런 상황에 놓인 사람들을 옹호하면 좋겠다.

• '지구촌빈곤퇴치 시민네트워크'(www.mdgkorea.org)에 접속해서 전 세계 지도자들에게 가난한 사람들을 돕는 일을 최우선으로 해달라고 요청하는 온라인 서명운동에 동참할 수 있다. 또한 유엔이 지정한 세계 빈곤 퇴치의 날(10월 17일)을 기념하여 전 세계에서 동시에 진행되는 '화이트밴드' 캠페인에 청소년 자원봉사자로 참가할 수 있다.

4 모두에게 주택을 공급하는 운동에 동참하자

만약 여러분이 어려운 일에도 팔을 걷어붙이고 나서는 타입이라면 사람들에게 집을 지어주는 일에 적임자다. 가족들에게 거처를 마련해 주는 프로그램은 아주 많이 있다. 집 없는 사람들의 주거 문제를 해결하기 위해 힘쓰는 지역 봉사단체나 국제기관에 연락해서 여러분에게 꼭 맞는 기회를 찾아보자. 이 책의 86쪽에서 설명하고 있는 해비타트 운동을 살펴보는 것도 도움이 되겠다.

글로벌하게 무엇을 할 수 있을까?

1 세계의 빈곤 문제에 대처하는 온라인 커뮤니티에 가입하자

예전에는 오로지 편지를 쓰거나 전화를 하거나 직접 만나야만 사람들과 연락을 취할 수 있었다. 요즘에는 인터넷과 스마트폰을 이용해 클릭을 몇 번 하거나 자판을 몇 번 두드리는 것만으로도 빠르고 효율적으로 대의를 지지할 수 있다. 빈곤 문제에 대처하는 온라인 커뮤니티에 가입해 지역에서 할 수 있는 자원봉사 활동이 있는지 물어보자.

2 빈곤을 줄이기 위한 모금 행사를 조직하자

많은 단체들이 굶주림에 허덕이고 집이 없는 사람들을 위해 기부를 하고 있다. 여러분도 모금 행사를 조직해서 이런 활동을 지지하는 데 보탬이 될 수 있다. 여러분이 돕고 싶은 단체를 정하고 나면 행사를 개최할 수 있다. 사람들에게 행사에서 모은 기금은 여러분이 선택한 단체에 유용하게 쓰일 거라는 점을 확실하게 강조하자. 다음과 같은 다양한 방식으로 모금 행사를 해볼 수 있으니 검토해보자.

• 봉사 활동을 하자. 기부에 대한 감사의 표시로, 일손이 부족한 지역사회의 복지시설이나 공공기관에서 일손을 돕거나 지역의 주변 환경이나 시설을 깨끗하게 청소해보자.

• 각종 물품을 팔자. 많은 단체들이 모금 행사에서 음식이나 쿠폰, 연말연시 선물 등을 팔고 있다. 여러분도 캠페인을 벌이고 물품을 판매해서 모은 기금을 지역 자선 단체에 보내자.

• 행사를 개최하자. 거리 행진, 예술 박람회, 연극 공연을 조직할 수 있다. 시민 단체나 마을 의회, 그 밖의 지역사회 단체들과 협력해서 행사를 열 장소와 지원자들을 모으자.

굿네이버스 100원의 기적
www.goodneighbors.kr

굿네이버스는 남녀노소 누구나 작은 돈으로 나눔에 참여할 수 있는 〈100원의 기적〉 캠페인을 만들었다. 100원 이상의 금액을 매월 정기적으로 기부하는 이 캠페인을 통해 모인 후원금은 국내외 빈곤 가정 아동을 지원하는 데 쓰인다.

• 100원×1=100원이면 아프리카 르완다에서 바나나 3개를 아이들에게 간식으로 제공할 수 있다.

• 100원×10=1,000원이면 아시아 방글라데시에서는 1명의 아이가 한 끼 급식을 먹을 수 있다.
• 100원×100=10,000원이면 북한에서 아픈 아이를 치료하기 위해 30개의 알약을 지원할 수 있다.

유니세프 생명을 구하는 선물
www.unicef.or.kr

유니세프에서 지원하는 기부 프로그램으로 전 세계 가난한 어린이에게 적은 돈으로 살 수 있는 물건들을 구매해서 선물로 보낸다. 동화책, 홍역 예방 백신, 영양실조 치료식, 깨끗한 식수, 통학용 자전거 등 아이들에게 필요한 물품을 보낼 수 있다. 유니세프 홈페이지에서 생명을 구하는 선물을 구입하면, 유니세프 코펜하겐 물류센터에 품목이 접수되고 각 지역 어린이에게 선물이 전달된다. 생일, 크리스마스, 졸업식, 발렌타인데이, 결혼기념일을 기념하고 싶을 때, 공부하느라 지친 친구를 응원하고 싶을 때, 부모님께 감사의 마음을 전하고 싶을 때, 유니세프 홈페이지에서 판매하는 다양한 상품들(퍼즐, 모자, 티셔츠 등)을 구입하는 것도 전 세계의 가난한 어린이들에게 도움을 줄 수 있다.
· 영양실조 치료식 75개:45,000원
· 공책 60권:35,000원
· 연필 600자루:15,000원

한국월드비전 기아체험 24시
www.worldvision.or.kr

3초마다 1명의 어린이가 영양 결핍으로 사망하며, 매일 10만 명이 굶주림과 예방 가능한 질병으로 사망하고 있다. 빈곤과 질병의 어려움으로 고통받는 지구촌 이웃들의 삶을 기아 체험을 통해 간접적으로 느껴보고, 기아 체험과 함께 진행되는 모금 활동을 통해 모인 돈으로 해외의 빈곤 아동을 지원하는 봉사 활동이다.

3 해외 자원봉사를 하자

여러분이 세계로 나아가 사람들을 돕고자 하는 바람을 실현할 기회는 많다. 국제적인 자원봉사 기회를 제공하는 단체들은 엄청나게 다양한 프로그램을 시행하고 있다. 중요한 것은 그 프로그램들에 대해 조사해서 여러분에게 가장 적합한 것을 찾는 일이다. 아래는 처음에 찾아볼 만한 몇 가지 단체들을 소개하고 있다. 이 책 곳곳에 있는 다른 단체들도 살펴보자.

청소년국제교류네트워크

iye.youth.go.kr

여성가족부의 지원을 받는 단체로서 청소년들에게 봉사 활동이나 국제회의에 참석할 기회를 준다. 정부에서는 청소년이 참여 가능한 국제회의나 포럼, 행사 등에 직접 참여할 수 있도록 왕복 항공료의 70퍼센트를 지원하고 있다. 또한 청소년들의 자발적인 해외 봉사 활동을 도모하기 위해 연 700여 명의 학생을 선발, 편도 항공료와 현지 프로그램 활동비를 지원하고 있다. 청소년들은 겨울방학과 여름방학을 이용해 해외 자원봉사 활동의 기회를 얻을 수 있다. 이외에도 청소년이 참가할 수 있는 국제교류 정보가 있기 때문에 유용한 정보를 얻을 수 있다.

국제키와니스키클럽

www.kiwanis.or.kr

'국제키와니스키클럽'은 오랫동안 운영된 프로그램으로, 10대들에게 봉사 기회를 제공한다. 청소년이 주도하는 이 단체는 회원 수가 거의 25만 명으로 지역적인 차원에서 그리고 세계적인 차원에서 사회운동을 하는 학생들이 모두 참여하고 있다. 한국에서는 1965년 미국 '키와니스키클럽' 회원들이 강원도 철원에 농가 마을을 건설한 것을 시작으로 1992년 정식 지구로 인정받았고, 현재 40여 개 클럽에 약 1,500명의 회원이 활동 중이다. 이 단체는 '어린이 최우선'을 강조하고 있어서 어린이들의 보육과 성장, 발전을 돕는 봉사 사업의 초점을 맞추고 있다.

지구촌나눔운동 청소년 해외 봉사단

www.gcs.or.kr

빈곤, 환경 위기, 인권과 평화 문제와 같은 이슈에 대한 학습과 이해의 장을 제공하기 위해 몽골, 베트남, 동티모르 등지에 청소년 해외 봉사단을 파견한다. 현지에서는 초등학교와 중학교에서 예체능 교실을 진행하거나 학교의 요청에 따라 화장실 짓기, 벽화 작업 등의 작업을 하기도 한다. 주로 여름방학에 5박 7일 동안 파견되고 자원봉사 확인서도 발급받을 수 있다.

코피온 단기 해외 봉사단

www.copion.or.kr

해외 봉사단 파견 전문기관으로 1999년부터 43개국, 약 3,000명의 해외 자원봉사자를 파견한 기관이다. 일반 단기 해외 봉사단에 참여할 수 있으며, 여름방학과 겨울방학 기간 동안에 필리핀, 인도네시아, 베트남, 네팔 등으로 파견된다. 주요 활동으로 한국어 교육부터 기관 시설 개보수, 농장 일 보조, 환경 미화, 현지 문화 탐방 등을 경험할 수 있다. 개인이 비용을 부담해야 하지만 청소년들에게는 자원봉사 확인서를 발급해준다.

푸른아시아 에코투어

www.greenasia.kr

지구온난화, 사막화, 황사 등 국제 환경 문제의 원인과 현황을 현장 체험을 통해 이해하고 실천 방안을 찾는 생태 학습 투어로, 매년 4~8월에 5박 7일로 진행된다. 주로 몽골의 사막화가 진행되는 현장에 가서 환경 문제를 인식하고, 사막화 방지를 위해 나무를 심고, 몽골의 유목 생활을 체험하는 일정으로 짜이며, 지구온난화 방지를 위한 국제 환경보호 활동 인증서를 발급해준다.

국제워크캠프기구 '바람' 국제 활동단
www.1.or.kr

워크캠프는 1920년 제 1차 세계대전 종전 당시 전쟁의 폐허를 딛고 재건과 화합을 도모하며 서로에 대한 이해와 사랑을 회복하고자 하는 젊은이들의 적극적인 평화운동으로 시작되었다. 현재는 청소년 해외봉사단을 세계 각지에 파견하고 있는데, '바람' 국제 활동단은 아동교육, 환경, 평화, 여성 리더십 등 4개 주제로 매년 1월 중에 11~13일간 태국, 캄보디아, 필리핀, 인도 등 동남아시아 지역으로 파견된다. 참가자들은 재능 기부를 통해 소외 계층 어린이들에게 영어, 음악, 미술, 한국 문화 등을 가르치며, 그들에게 다양한 문화와 풍습을 배우기도 한다.

"청소년들이 지구촌의 문제를
푸는 데 더 많이 동참한다면,
이 세상은 더 나은 곳이
될 거라고 믿습니다."
-열아홉 살의 시나가와 나쓰노

건강하고 안전한 삶

건강과 안전은 인간이 살아가는 데 기본적으로 필요한 것들이다. 불행히도 전 세계 수십억 사람들이 생명을 위협하는 환경에서 살고 있다. 특히 여성과 어린이들은 위험한 환경에 쉽게 노출된다. 질병, 전쟁, 물 부족, 기근, 자연재해, 비위생적인 생활 환경 등이 해마다 수백만 명을 죽음으로 내몰고 있다.

구급차 운전사가 된 열일곱 살의 사울 알렉산데르 토레스

열일곱 살의 사울 알렉산데르 토레스는 고향인 엘살바도르의 네자파에서 사람들이 죽어가는 것을 보았다. 네자파 자치구에는 병원이 없어서, 생명이 위급한 상황에도 의료 서비스를 받을 수 없었다. 그래서 질병이 있거나 부상을 입은 사람들, 또는 자동차 사고를 당한 사람들은 길거리에서 목숨을 잃었다. 사울은 가장 가까운 의료 시설조차 어처구니없이 멀다는 것을 알고 있었다. 90킬로미터나 떨어져 있었으니까 말이다. 네자파에는 다치거나 아픈 사람들을 실어 나르는 구급차도 없었다.

1992년에 사울은 이제 뭔가를 해야 할 때라고 생각했다. 자치구에 병원을 짓는 것은 힘들어 보였지만, 위기에 대응할 수 있는 구조팀을 꾸리는 일은 가능할 것 같았다. 사울은 응급처치 훈련을 받았고 거리에서 순찰을 돌기 시작했다. 그리고 사고가 나거나 위독한 환자가 생기면 조치를 취했다. 또 친구들과 다른 10대들에게 인명 구조 기술을 가르쳤다. 그 아이들 중에는 열세 살짜리도 있었다. 그렇게 해서 더 많은 시민들이 비상사태에 대비할 수 있도록 했다. 분명 진전이 있었지만, 어떤 병이나 부상은 병원에서만 치료할 수 있었다.

"구급차만 있었어도, 우리는 다친 사람들을 당장 병원에 보낼 수 있었을 거예요. 낡은 밴 한 대만 있었어도…."

사울은 충분히 운전할 수 있는 나이였다. 하지만 사울과 친구들이 자동차를 살 돈을 어디서 구한단 말인가?

사울은 첫 구조팀과 함께 지방 자치정부에 찾아가 자신들의 실상을 보고했다. 사울은 병원에서 치료받아야 하는 사람들을 수송할 방법이 없다고 설명했다. 네자파의 행정 담당자들도 돕고 싶어 하기는 했지만, 신형 구급차는 예산안에 들어 있지 않았다. 그래서 네자파의 첫 구조팀에게 구형 밴 한 대를 사주었다.

허리케인 미치(Mitch)

북대서양에서 발생한 허리케인으로, 2만여 명의 사망자가 나왔다. 홍수와 산사태가 수만 채의 집과 엄청나게 넓은 경작지를 파괴했고 재산 피해액은 총체적으로 60억 달러로 집계되었다.

새로 얻은 밴에 일반적인 구급차가 갖추고 있는 장비들은 별로 없었지만, 생명을 구하는 데 엄청난 도움이 되었다. 어떤 날은 밤에만 네 번이나 환자를 병원으로 나른 적도 있었는데, 그날 사울과 친구들은 귀가하지 않고 대기 상태로 네자파 시민회관에서 잤다. 5년 동안 사울의 팀은 5,530명이 넘는 사람들의 목숨을 구했다. 총에 맞은 사람도 있었고 출산이 임박한 산모도 있었다.

1998년 여름, 아메리카 대륙을 초토화시킨 최악의 폭풍 가운데 하나로 기록된 허리케인 '미치'가 엘살바도르를 강타했다. 이때에도 사울과 구조팀은 네자파의 구호 활동을 도맡아 다친 사람들을 돕고 음식과 옷을 나누어주었다. 그들이 출동하지 못했던 경우는 오로지 털털거리던 낡은 밴이 완전히 고장 났을 때뿐이었다. 구조팀은 서둘러 집집마다 방문해서 도움을 요청했고, 곧 성금이 모였다. 성금으로 다른 차를 구입한 사울과 친구들은 계속해서 아프고 다친 사람들을 도왔다.

헌혈의 집에서 구호의 손길을

대한적십자사 혈액관리본부

www.bloodinfo.net

혈액은 환자의 생명을 구하는 매우 중요한 수단이며, 인공적으로 만들 수도 없다. 따라서 혈액이 필요한 환자에게 아무런 대가 없이 혈액을 기증하는 헌혈은 생명을 나누는 구호 활동의 첫걸음이다. 우리 몸에 있는 전체 혈액량의 15퍼센트는 비상시를 대비한 여유분이기 때문에, 헌혈을 한 후에 충분한 휴식을 취하면 건강에 전혀 지장이 없다. 오히려 헌혈을 하면 심장 질환에 걸릴 위험성이 적어진다. 지하철역에서 또는 길을 걷다가 헌혈의 집을 발견하면 헌혈을 하자. 2012년부터 '헌혈 기부권'이 실시됨에 따라 헌혈과 기부를 동시에 할 수 있다.

- 45kg 이상의 건강한 여성(만 16세 이상)은 전혈 320ml를 헌혈할 수 있다. 50kg 이상의 건강한 여성(만 17세 이상)이라면 전혈 400ml를 헌혈할 수 있다.
- 50kg 이상의 건강한 남성(만 17세 이상)은 전혈 400ml를 헌혈할 수 있다.
- 50kg 이상의 건강한 남성과 여성(만 17세 이상)은 혈장 500ml, 혈소판 400ml 이내의 성분 헌혈이 가능하다.

카메라의 힘으로 **건강권**을 알린

열여섯 살의 샤로즈 라와트

"조명, 카메라, 액션!"

감독의 사인과 함께 영화가 촬영되기 시작했다. 카메라가 찍고 있는 것은 …, 바로 쓰레기였다. 때는 2003년 한 영화 제작진이 인도 델리의 쓰레기 처리장을 촬영하고 있었다. 그곳은 다른 쓰레기 매립지와 다를 것이 없었지만, 한 가지 깜짝 놀랄 만한 점이 있었다. 어린아이들이 악취가 진동하는 쓰레기 더미 위를 기어오르고 있었던 것이다. 아이들은 가족들이 음식을 사는 데 필요한 돈을 보태려고, 억지로 쓰레기 더미를 뒤져서 팔 수 있는 물건을 골라내고 있었다. 쓰레기 더미에는 주사기와 깨진 유리 등 위험한 물건들도 섞여 있었다.

열여섯 살의 샤로즈 라와트도 이 영화를 만드는 제작진 중 한 사람이었다. 영화는 '플랜인터내셔널'이 제작을 후원하고 있는 다큐멘터리였다. 플랜인터내셔널은 NGO로서 50여 개국에서 건강 프로젝트를 진행하는 단체이다. 제작진의 목표는 쓰레기의 위험성을 아이들이 깨닫도록 하는 것이었다. 또한 쓰레기를 뒤지면서 시간을 보내다가는 교육을 받고 보다 나은 삶을 누릴 기회를 영영 잃을 수도 있다는 점을 알려주고 싶어 했다.

영화가 완성되자 샤로즈와 제작진은 영화를 촬영한 쓰레기 처리장의 주변 지역에서 영화를 상영했고, 사람들은 제작팀이 공들여 만든 영화가 궁금해서 관람하러 왔다. 영화를 보면서 부모들과 아이들 모두 매립지에서 발생할 수 있는 부상과 감염, 질병의 위험에 대해 알게 됐다. 영화는 관중들에게 큰 충격을 주었고, 이를 계기로 많은 가족들이 아이들을 쓰레기 더미로 보내는 대신에 학교로 보냈다.

샤로즈가 참여한 영화는 이것만이 아니다. 샤로즈와 제작진은 다른 문제들에도 매달렸는데 그중에는 흡연 문제도 있었다. 제작진은 〈중독된 무지〉라는 제목의 다큐멘터리를 발표했다. 이 영화의 목적은 담배가 건강에 미치는 부정적인 영향을 실험하고 청소년들이 담배를 멀리하도록 설득하는 것이었다. 샤로즈의 촬영팀은 영화를 통해 흡연 문제를 비롯해 필수적인 건강 정보에 관한 메시지를 효과적으로 알렸다. 그리고 이렇게 여러 영화를 제작하여 많은 상을 받았다.

샤로즈는 다재다능한 소녀였는데, 특히 연설에 두각을 나타냈다. 샤로즈는 성적 학대에 관한 뉴델리 학회에서 주요 연사로 활약했다. 샤로즈는 데이트 강간이나 다른 형태의 학대로 피해를 입은 소녀와 여성들의 비극적인 이야기를 들려주었다. 그리고 인도 특유의 문화 때문에 때때로 이런 범죄가 은폐된다는 사실에 대해서도 설명했다. 이를 테면 가족이 그런 일을 당해도 가문의 명예를 지키기 위해서 경찰에 신고하지 않는 것이다. 샤로즈는 가족들이 학대를 인정하고 피해자를 지지해주는 것이 무엇보다 중요하며, 그래야만 사건을 조사할 수 있다고 강조했다. 그렇지 않으면 학대는 계속될 것이기 때문이다.

지금까지 샤로즈는 건강과 안전에 문제에 대한 사람들의 인식을 바꾸기 위해 힘써왔다. 그녀는 더 나은 세상에 대해 굳건한 믿음을 가지고 있으며, 보다 나은 세상을 위한 변화에 청소년들이 중요한 역할을 한다고 확신한다.

Click!

저개발국 어린이들의 건강을 보살핀다

플랜인터내셔널

Plan International
www.plan-international.org
플랜코리아 www.plankorea.or.kr

70년 이상의 오랜 역사를 가진 세계 최대의 국제 아동 후원 단체이다. 의료 지원을 통해 매일 수천 명이 넘는 아동의 생명을 구하고 있으며, 비위생적인 환경과 식수로 인해 발생하는 어린이의 사망을 막기 위해 화장실과 식수 시설을 마련하고 폐기물 처리와 안전한 식수에 대한 교육을 실시하는 등 어린이들이 건강하고 안전하게 살기 위한 다양한 프로그램을 진행하고 있다. 뿐만 아니라 빈곤국 아동의 교육과 경제 지원 등 어린이들이 잠재력을 발휘할 수 있는 세상을 만들기 위해 다각도로 활동하는 중이다.

플랜인터내셔널은 한국에서도 많은 활동을 벌였는데, 한국전쟁이 끝난 1953년부터 1979년까지 '양친회'라는 이름으로 활동하며, 매년 2만 5,000여 명의 한국 어린이들을 도와주기도 했다. 이제는 '플랜코리아'에서 한국의 후원자들에게 기부금을 모아 저개발국 어린이와 해외 결연을 맺는 운동을 벌이고 있다. 과거 수혜국이었던 한국이 후원국이 되어 어려운 시절에 받았던 사랑을 되돌려주고 있는 셈이다.

에이즈 전문가가 된

열아홉 살의 시나가와 나쓰노

열아홉 살의 시나가와 나쓰노는 솔직하다. 처음에는 에이즈에 대해 아는 게 거의 없었다고 말한다. 나쓰노에게도 에이즈는 멀게만 느껴졌고 다른 사람한테나 생기는 질병인 것 같았다. 그러던 나쓰노가 변하게 된 것은 2005년에 유니세프 프로그램에 참여하면서부터다.

나쓰노의 집은 일본 도쿄의 바로 외곽에 위치한 도치기 시에 있었다. 유니세프 프로그램을 통해 나쓰노는 에이즈와 에이즈가 끼치는 치명적인 영향에 대해서 배우게 되었다. 그리고 사람들이 에이즈를 퇴치하기 위해 어떤 노력을 기울이고 있는지도 알게 되었다. 머지않아 나쓰노는 에이즈에 관한 한 전문가가 되었고, 에이즈에 감염된 사람들을 강력하게 지지하기 시작했다. 나쓰노는 이렇게 말했다.

"너무나 많은 청소년들이 이 세계에서 무슨 일이 일어나고 있는지 전혀 모르고 있어요."

나쓰노는 그 점을 바로잡고 싶었다.

워크숍에서 나쓰노는 친구들에게, 에이즈가 몇몇 특정한 나라들만의 문제가 아니라 모든 사람에게 생길 수 있는 전 지구적인 전염병이라고 설명했다. 실제로 에이즈에 감염된 혈액을 수혈받거나 감염된 혈액으로 만들어진 혈액을 수혈받는 등의 이유로 예기치 않게 에이즈에 걸리는 경우도 적지 않다.

아프리카에서는 에이즈 감염 아동의 문제도 심각하다. 에이즈를 앓고 있는 아동들 중 20퍼센트는 태아일 때 자궁에서 이미 감염되고, 40퍼센트는 출산 과정에서, 나머지 40퍼센트는 출산 후의 모유 수유를 통해서 감염된다고 한다. 약품이 부족해서 20명 중 1명의 어린이만이 치료를 받고 있는 상황이다. 또 나쓰노는 수백만 명의 사람들이 죽어가고 있는 현실과 부모를 잃은 가난한 아이들이 학교에 가는 것은 꿈도 꾸지 못한 채 굶어 죽고 있는 상황에 대해서 이야기했다. 나쓰노가 묘사한 상황은 참담했지만, 중요한 것은 청중들이 위기를 피부로 느끼는 것이었다.

에이즈

후천성 면역결핍 증후군(AIDS)은 인간 면역결핍 바이러스(HIV)에 감염되어 면역력이 저하되고 감염과 종양이 나타나는 상태를 말한다. 최근에는 HIV 바이러스를 강력하게 억제할 수 있는 치료제가 개발되어서 치료를 잘 받으면 면역력을 적절히 유지할 수 있다. 전 세계적으로 3,000만 명 이상의 사람들이 에이즈로 고통받고 있으며, 매년 200만 명이 사망하고 있다. 감염자 중 200만 명 이상이 15세 미만의 어린이고, 이 가운데 90퍼센트 이상이 아프리카에 산다.

나쓰노는 에이즈를 비롯해 세계가 직면한 여러 가지 문제들에 대해 계속 관심을 기울이고 있다. 나쓰노는 언젠가 유엔에서 일하길 바라고 있다. 특히 아프리카 개발 프로그램에 참여하고 싶어 한다. 나쓰노는 사람들이 지구촌의 문제를 해결하는 일을 무엇보다도 우선해야 한다고 생각한다. 특히 새로운 관점으로 상황을 바라보는 10대들은 더욱 그래야 한다고 본다.

"더 많은 청소년들이 지구촌의 문제를 푸는 데 동참한다면, 이 세상은 보다 나은 곳이 될 거라고 믿습니다."

차별 없는 구호 정신
유니세프

UNICEF
www.unicef.org
유니세프 한국위원회 **www.unicef.or.kr**

2000년 9월 전 세계 정상들과 정부 대표들이 더 나은 세계를 만들기 위해 이루어야 할 목표를 세우고 서로 협력하기로 합의했다. '새천년개발목표(MDGs)'로 알려진 이 프로젝트에는 질병 예방과 퇴치를 골자로 하는 건강 관련 목표도 포함되어 있다. 세계 각국은 새천년개발목표에 따라 지구촌의 건강을 지키고자 노력하고 있으며, 에이즈 확산을 방지하기 위해 여러 방안을 시행하고 있다.
유니세프는 이러한 세계 각국의 활동을 조직하는 단체이다. 특히 에이즈에 감염된 아동들을 보살피고 치료하는 데 중요한 역할을 하고 있다. 에이즈에 감염된 어머니로 인해 아기가 에이즈에 2차 감염되지 않도록 예방 활동을 펼치는 한편, 에이즈 감염 아동이나 감염자 가정의 아동이 영양 결핍에 걸리지 않도록 영양을 공급할 만한 구호물자를 제공한다. 또한 어머니들이 에이즈 테스트를 비밀리에 받을 수 있도록 지원하며, 임신 여성을 위한 수유 상담 등의 사업도 펼친다.

온라인 지킴이로 나선
열여덟 살의 섀넌 설리번

많은 청소년들이 온라인상에서 스스로를 지키는 방법을 알지 못한다. 섀넌 설리번은 이런 상황을 바꾸고 싶었다. 섀넌은 미국 뉴저지 주 우드릿지에 사는 고등학교 2학년 학생이었다. 섀넌은 학교에 '틴엔젤스' 지부를 설립하는 데 힘을 보탰다. 미국에 기반을 둔 틴엔젤스는 10대들이 온라인에서 스스로를 보호하도록 돕는 단체이다. 사이버 범죄, 사생활 침해, 아이디 도용 등 온라인상에서 일어나는 여러 가지 위험한 상황으로부터 청소년을 보호하는 일에 헌신하고 있다.

그런데 섀넌이 하는 일은 10대들을 가르치는 것뿐만이 아니다. 섀넌과 다른 틴엔젤스 회원들은 마이크로소프트, 디즈니, 야후와 같이 새로운 기술을 바탕으로 성장하는 회사의 고문을 맡고 있다. 이들은 10대의 관점에서 본 온라인 안전 문제에 대해 조언을 한다. 2006년에 섀넌은 미국 상무부 하원에서 자신의 의견을 진술했다. 이 조직은 인터넷과 같은 새로운 매체를 규제하는 일을 한다. 온라인 안전에 대해 의견을 진술하는 동안 섀넌은 틴엔젤스의 활동에 대해 이야기했다.

섀넌은 틴엔젤스가 소셜 네트워크 서비스 사이트나 온라인 게임, 기타 인터넷 응용 프로그램을 반대하는 것이 아니라는 점을 강조했다. 오히려 10대들은 이런 것들로부터 많은 혜택을 누리고 있다고 인정했다. 그 대신에 새로운 기술이 적절하게 관리되도록 힘쓰면서, 온라인 안전 캠페인을 펼치는 데 필요한 기금을 모으기 위해 노력하고 있다고 말했다. 상무부 하원에서 섀넌이 진술한 덕분에 결국 틴엔젤스에 기쁜 일이 생겼다. 미국 법무부가 틴엔젤스에 5만 달러의 기금을 수여하여 지속적으로 활동을 할 수 있도록 격려한 것이다.

온라인 공간에는 언제나 위험이 도사리고 있을 테지만, 그래도 다음 세대의 인터넷 이용자들은 아주 능숙하고 안전하게 위험 요소에 대처할 수 있을 것 같다. 섀넌과 세계 각국의 틴엔젤스가 안전한 인터넷 사용 캠페인을 계속해서 이어가고 있으니까 말이다.

Click!

틴엔젤스

Teenangels
www.teenangels.org

틴엔젤스는 열네 살에서 열아홉 살 사이의 10대 청소년들이 모여 만든 단체이다. 이 단체에서는 온라인 지킴이가 되는 특별한 활동에 대해서 교육받을 수 있다. 회원들은 웹사이트에 칼럼을 쓰고 온라인상의 안전한 소통을 위한 연구를 벌이기도 하며, 마이크로소프트 같은 회사와 함께 일하기도 한다. 이 단체의 프로젝트에 참여하고 싶다면 웹사이트를 방문해보자. 사람들에게 인터넷상의 위험에 대해 알리는 교육 프로그램에 참여할 수 있다.

개발도상국에서 태어난 아이들은 한국 아이들에 비해 5세 이전에 사망할 확률이 24배 높다. 개발도상국 산모들은 선진국 산모에 비해 임신과 출산 과정에서 생명을 잃을 확률이 300배 높다. 2010년 당시 한 해 평균 약 880만 명의 지구촌 아이들이 다섯 살이 되기 전에 세상을 떠났다. 이 아이들의 99%는 개발도상국에서 태어난다. 더욱 안타까운 것은 사망 원인 대부분이 영양실조, 폐렴, 설사병 등 간단한 조치만으로 충분히 예방 또는 치료 가능한 질병이란 점이다.

5세 미만 아동 1000명당 사망 아동수

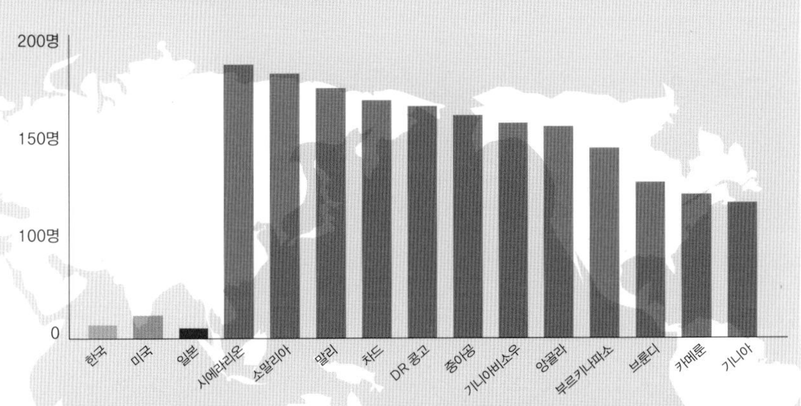

아동 사망의 주요 원인

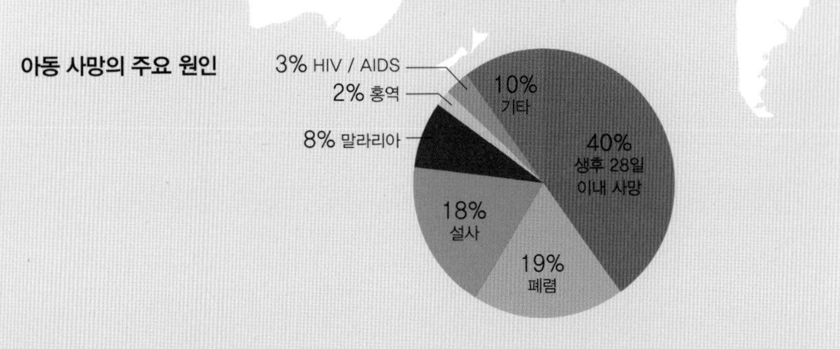

출처 WHO World Health Statistics 2006

지역사회에서 무엇을 할 수 있을까?

1 학교에서 일어나는 폭력에 대처하자

미국에서는 10~15퍼센트의 학생들이 주기적으로 폭력에 시달리고 있다. 비극적인 학교 총격 사건과 같은 일은 뉴스에 나오지만, 학교에서 일어나는 여러 가지 학교 폭력은 알려지지 않고 있다. 여러분의 학교에서 모두가 안전하고 존중받고 있다고 느끼도록 아래 몇 가지 방법을 시도해보자.

• 괴롭힘과 놀림에 맞서 반대 의사를 분명하게 표현하자. 학교 선생님이나 부모님께 상황을 즉시 알리자. 주변에서 굴욕적인 대우를 받는 친구나 선후배를 봤다면 적극적으로 손을 내밀자. 무례하게 굴거나 해를 끼치는 행동에 결코 참지 않을 거라는 점을 친구들에게 인식시키자.

• 왕따 방지 프로그램을 개발하자고 선생님들께 건의하자. 선생님, 행정실, 상담 선생님 등과 협력해서 모두가 이 주제에 대해 교육받도록

하자. 만일 반대에 부딪힌다면 학생회나 다른 대의기관을 통해 이 안건을 추진해보자.

• 통신수단을 이용한 학교 폭력에 대처하자. 친구를 깎아 내리고, 왕따로 만들고, 협박하기 위해 통신 수단을 이용해서 괴롭히는 일이 점점 더 늘어나고 있다. 웹상에서 누군가에 대한 사적인 정보나 잘못된 정보를 공유하고 다른 사람을 모욕하는 의미가 담긴 사진이나 동영상을 보내는 경우도 해당된다. 이메일과 휴대전화, 문자 메시지를 이용한 폭력은 마음에 큰 상처를 주는 심각한 행동으로, 절대 용납되어서는 안 된다는 것을 모두가 깨달을 수 있도록 힘을 보태자.

2 공공 안전을 강화하자

주변 사람들 모두가 다른 사람을 돕기 위해 주의 깊게 살피고 관심을 기울인다면 공동체 전체에 이득이 된다. 아래와 같은 방법으로 여러분도 실천할 수 있다.

• 응급처치 훈련을 받자. '심폐 소생술'을 비롯해 여러 응급처치 방법을 알아두고 응급 상황에 확실히 대응할 수 있도록 준비하자. 많은 학교에서 학생들을 대상으로 응급처치 훈련 교실을 운영하고 있다.

• 재난 대비 계획에 익숙해지자. 만약 갑자기 지진이나 홍수 등 자연재해가 일어난다면 어떻게 대비해야 하는지 알고 있는가? 잠재적인 위험이라도 위험한 일이 일어났을 때 준비되어 있는 것은 중요하다.

• 주변에서 일어나는 범죄에 대처하는 데 여러분도 한몫을 하자. 범죄 예방은 주변을 잘 살피는 것에서 시작된다. 지역 경찰과 지역사회의 지도자, 방범 활동에 협력하고 있는 시민들과도 함께하면 좋겠다.

• 지역의 안전을 위협하는 요소에 대해 인식을 높이자. 예를 들면 식수 오염 같은 것 말이다. 필요하다면 다른 사람들과 함께 여러분의 입장을 지지하는 캠페인을 조직하자. 여러분의 활동을 기록한 사진이나 영상을 인터넷 사이트에 올려서 문제를 해결하는 데 힘을 얻자.

3 10대의 건강을 지키자

대부분의 개발도상국에서는 청소년 비만과 당뇨병이 기록적인 수치를 나타내고 있다. 전문가들은 대체로 잘못된 식습관과 운동 부족을 원인으로 지적한다. 이 밖에도 심각한 건강 문제들이 10대들을 해칠 수가 있는데, 성병이나 성 중독도 여기에 포함된다. 성에 대한 잘못된 생각과 행동을 바로잡는 열쇠는 성에 대해 제대로 아는 것이다. 성인뿐만 아니라 청소년들도 나쁜 습관과 잘못된 선택이 얼마나 치명적인 영향을 끼칠 수 있는지를 깨달아야 한다.

• 건강 문제에 관한 학교 캠페인에 참여하자. 탄산음료와 정크푸드를 파는 자판기를 없애거나 급식 때 더 건강한 메뉴를 고를 수 있도록 하는 계획을 제안하면 좋겠다. 또한 캠페인의 일환으로 건강 교실이나 영양 교실을 추진해보는 것도 좋겠다.

• 위험한 행동에 대처하자. 청소년에게 일어나는 심각한 건강 및 안전 문제는 성관계나 마약, 알코올 남용, 무면허 난폭 운전 등에서 비롯되는데, 대부분 100퍼센트 예방이 가능하다. 위험한 행동이 어떤 영향을 미치는지에 대해 최선을 다해 알리자. 여러분이 앞장서서 지역 청소년 단체나 의료 시설과 협력하는 것도 검토해보자.

• 긍정적인 역할 모델이 되자. 건강한 식사를 하고 활동적으로 생활하면서 자신을 돌보자. 자신과 다른 사람을 위험에 빠뜨리는 행동은 하지 말자. 단순한 이야기 같지만 친구들이 여러분의 긍정적 선택을 보고 본받으려 할 것이다.

글로벌하게 무엇을 할 수 있을까?

1 전 세계적인 차원에서 건강관리를 지지하자

민권 운동가인 마틴 루서 킹 목사는 이렇게 말했다. "모든 불평등 중에 건강의 불평등이 가장 충격적이고 비인도적입니다." 실제로 전 세계 사람들 대부분이 제대로 건강을 관리하지 못하고 있다. 지구촌의 여러 지역에는 현대식 건강관리 장비가 부족하다. 부유한 국가의 사람들도 비용이 비싸기 때문에 건강관리 장비를 이용하지 못하는 경우가 많다. 상황을 개선하기 위해 여러분도 힘을 보탤 수 있을 것이다.

• 건강권을 기본적인 인권으로 인식하자. 누구나 아플 수 있고 환자가 될 수 있다고 생각한다면 건강권은 모든 사람들이 누려야 하는 기본 권리다. 특히 가난한 어린이나 노인, 외국인 등 경제사회적 소수자들의 건강권에도 관심을 기울일 필요가 있다.

• 의료 서비스를 제공하는 단체에서 자원봉사를 하자. 정부와 대기

업은 건강관리를 제공하는 데 가장 큰 역할을 수행한다. 그러나 최근 들어서는 지역사회 단체들에서도 점점 더 많은 의료 서비스를 제공하고 있다. 이 단체들은 기존의 의료기관들이 인식하지 못하고 지나치는 요구들을 충족시키고 있다. 특히 빈곤한 지역에서는 별다른 건강관리를 받지 못하는 사람들이 많이 있다. 이러한 단체들을 돕고 싶다면 지역단체에서 자원봉사를 해보자.

• 신생아 살리기를 위한 '모자뜨기'에 참여하자. 매년 전 세계 200만 명의 아기들이 태어난 날 사망하며 400만 명의 신생아들은 태어난 지 한 달 안에 목숨을 잃고 있는데, 상당수가 저체온증 때문이다. '세이브더칠드런'(www.sc.or.kr)에서는 아기의 체온을 보호하기 위해 후원자들이 떠준 털모자를 아프리카와 아시아의 아기에게 보내고 있다. 모자가 아기에게 도착했는지도 알려주기 때문에 보람도 배가 된다.

2 자연재해가 일어난 지역을 돕는 봉사 활동을 하자

지진, 허리케인, 쓰나미 등 자연재해는 재해가 발생한 지역에 몇 달이나 몇 년에 걸쳐 해를 입힐 수 있다. 재해로 인해 사회 기반 시설이 훼손되면 광범위한 지역에서 살 집이 없어지거나 음식과 물 공급이 중단

되는 등 사람들의 건강과 안전을 위협하는 문제가 발생하게 된다. 자연재해로 피해를 입은 사람들을 돕는 데 동참하자. 이재민들에게 보낼 보급품을 모으거나 피해 지역을 찾아가 직접 도울 수도 있다.

3 전염병에 맞서 싸우는 단체를 지원하자

많은 단체들이 전염병 발생 지역에 치료와 약을 공급하고 있다. 이들은 좀 더 많은 양의 백신을 공급하고자 노력하고 있으며, 병이 더 퍼지는 것을 예방하는 교육 활동도 진행하고 있다. 여러분도 기금을 모으거나 대중에게 전염병의 실상을 알리는 자원 봉사에 참여할 수 있다.

• 말라리아 방지를 위한 모기장 보내기 캠페인에 참여하자. 말라리아는 모기장만 있어도 쉽게 예방할 수 있지만 매년 80만 명이 이 전염병으로 사망한다. 유엔에서 아프리카 전역에 모기장을 보내는 '네츠고'(www.netsgo.or.kr) 캠페인을 벌이고 있으니 후원해보자.

4 국제단체의 개발 프로젝트에 동참하자

개발도상국은 자원이 너무 부족해서 많은 사람들의 기본적인 욕구를 충족시키지 못하는 경우가 많다. 예를 들면 전 세계 인구의 6분의 1에 해당하는 사람들은 깨끗한 물을 이용하지 못한다. 또 5분의 2는 제대로 된 위생 시설 없이 지낸다. 전 세계적으로 개발 프로젝트는 매우 절실하고 시급하다. 아래 나오는 몇 가지 기회를 이용하여 여러분이 변화를 일으켜보자.

세계자원봉사

Global Volunteers www.globalvolunteers.org

이 단체는 전 세계의 봉사 활동에 자원봉사자들을 참여시키고 있다. 단체의 봉사 활동으로는 개발도상국에 물과 위생 시설을 공급하는 일, 교육과 의료 봉사, 건축 프로젝트 등을 들 수 있다. 홈페이지를 방문하여 참여 가능한 봉사 전체 목록과 지원 절차에 대한 정보를 찾아보자.

유나이티드플래닛

United Planet www.unitedplanet.org

150여 개국의 자원봉사자들이 참여하는 문화 교류 프로그램이다. 이 단체는 단기간(1~12주)과 장기간(6~12개월)의 봉사 자리를 제공하고 있으며, 그룹 단위로 봉사에 지원할 수도 있다.

"어린이들을 교육하는 것이
세계의 행복하고 안전한 미래에 투자하는 일임을
절실하게 느끼고 있습니다."

—열일곱 살의 람 고팔라크리슈난

평등한 교육
행복한 학교

교육은 평등을 보장하는 가장 훌륭한 장치다.
교육은 누구에게나 삶을 개선할 기회를 제공한다.
불행히도 전 세계적으로 많은 사람들이 학교에 다니지 못하거나
경제적인 어려움으로 고등교육을 받지 못한다. 가족을 뒷바라지하기 위해
일을 하는 어린이와 청소년도 많다.

아프리카 **아이들의 선생님**이 된

열아홉 살의 루스 볼링

부유한 나라의 학생들은 학교의 소중함을 모를 때가 많다. 학교에 다니는 것이 너무 당연한 일이다 보니 그만큼 학교 교육을 소홀히 하는 학생들도 많다. 하지만 다른 나라의 10대들, 특히 개발도상국의 가난한 지역에서 살고 있는 10대들은 교육받을 기회가 거의 없거나 아예 받지를 못한다. 어떤 지역에서는 초등학교도 드물고 중고등학교는 사실상 존재하지도 않는다.

루스 볼링은 가나의 아브라포 마을을 방문한 첫날 이런 상황을 목격하게 되었다. 루스는 고향인 영국에서 고등학교를 졸업한 후 대학 과정을 시작하기에 앞서 교환 학생으로 가나에 와 있었다. 루스는 어린이들을 가르치려고 가나에 왔지만, 자신이 정말로 아이들을 가르칠 준비가 되어 있는지 걱정이 되었다. 루스가 맡은 반 아이들은 영어를 잘하지 못했고, 루스 역시 아이들이 쓰는 언어를 알지 못해서 어떻게 아이들과 의사소통을 해야 할지 막막했다.

그러던 중 루스에게 행운이 찾아왔다. 아이들에게 접근할 방법을 찾은 것이다. 루스는 전 세계 사람들에게 통용되는 '놀이'를 이용하기로 했다. 루스의 학생들은 어쨌거나 어린아이들이었다. 루스가 생각해 낸 것은 축구였다. 축구 경기를 했더니 모두가 즐거워하며 다 함께 놀 수 있었다. 그리고 서로 친해지기 시작하자 그때부터 진짜 공부가 시작되었다.

석 달 넘게 루스는 자기네 반 학생들이 발전할 수 있도록 열심히 가르쳤다. 학생들과의 유대감도 갈수록 강해졌다. 덕분에 나중에는 아이들이 루스를 '루스 선생님'이라고 부르기 시작했다.

루스가 가나에서 지내는 동안 루스의 학생들은 새로운 기술을 많이 배웠다. 루스가 처음 왔을 때는 연필을 어떻게 쥐는지조차 모르는 아이들도 있었다. 하지만 이제는 반 전체가 알파벳을 외우고 쓸 수 있게 되었다. 부유한 나라의 어린이들과 다를 바 없이 공부할 기회를 얻게 된 것이다. 루스는 자랑스럽게 말한다.

아프리카의 교육

아프리카는 전 세계를 통틀어 가장 높은 문맹률과 낮은 취학률을 보이는 지역이다. 동시에 최근 수년 동안 문맹률의 저하나 취학률의 향상 속도가 다른 어느 지역보다도 빠른 것도 사실이다. 그러나 초등교육의 보급 속도가 빠른 데 비해 중등교육과 고등교육의 보급은 늦어지고 있다. 서아프리카에는 아직도 자국의 대학이 없는 국가들이 몇몇 있고, 가나의 경우에는 전체 국민의 35퍼센트 이상이 글을 읽을 줄 모른다.

"아이들이 너무 똑똑하고 배운 것을 금방금방 익혀요."

그 비결이 '루스 선생님'에게 있다는 것은 두말할 나위도 없다.

전 세계의 '책' 나눔 프로젝트

아시아로 가는 다리

Bridge to Asia
www.bridge.org

아시아의 여러 지역에서는 책값이 너무 비싸다. 중국에서는 의학 교과서 한 권 값이 의사의 한 달치 월급과 똑같을 정도다. 학생들이 더 많은 책을 볼 수 있도록 하기 위해 이 단체는 책을 모아 아시아의 1,000여 개 대학에 기부하고 있다. 웹사이트에 접속해서 여러분이 도울 수 있는 방법에 대해 더 자세히 알아보자.

아프리카에 책을

Books for Africa
www.booksforafrica.org

아프리카의 수많은 지역에서는 책이 절실하다. 1988년부터 '아프리카에 책을'은 20여 개국에 1,500만 권이 넘는 책을 기부했다. 이 단체의 웹사이트에는 성금 기부를 비롯해 아프리카로 보낼 책을 포장하는 자원봉사 활동에 참여하는 방법도 자세하게 나와 있다.

서비스포피스

Service For Peace
mz.sdong.kr

책뿐만 아니라 도서관을 지어주는 단체도 있다. 서비스포피스는 아시아 나라들의 지역사회에 마을 도서관을 지원해준다. 이미 캄보디아 씨엠립과 네팔의 다딩, 파핑, 살라히 지역에 마을 도서관을 지어주었다. 그리고 이 도서관에서 아동과 청소년들의 정서적 안전망을 형성하는 교육도 지원하고 있다.

유럽
크로아티아

교과과정을 개선한
열여덟 살의 다르코 로브리츠

만약 학교가 지루하다면, 정말로 너무나 지루하다면 어떻게 하겠는가? 특별활동도 없고, 체육수업이나 현장학습도, 아무것도 없다고 상상해보자. 선생님들은 학교에 신경 쓰지도 않고, 학생들도 학교생활에 별로 관심이 없다면 어떨까? 크로아티아의 자그레브에 살고 있던 다르코 로브리츠는 자기가 다니고 있는 고등학교가 바로 이렇다는 것을 깨달았다. 다르코는 뭔가 변화를 일으키기로 마음먹었다.

2001년에 다르코는 학교를 개선하기 위해 포크레트(pokret, 크로아티아어로 '운동'을 뜻한다)라는 계획을 세웠다. 이 프로그램의 목적은 학교생활이 10대들의 삶에서 실질적으로 의미를 갖도록 하고, 학생들이 자신들이 받는 교육에 대해 관심을 갖게 하는 것이었다. '포크레트'는 지역사회에서 멘토로 활동하는 젊은 전문가들과 학생들을 짝지어주었다. 그리고 10대들에게 새로운 기술을 배우고 현실적인 사회 경험을 얻을 수 있는 방법을 알려주었다. 마침내 학생들은 자신들이 공감할 수 있는 방식으로 도전하면서 진심으로 흥미를 느끼며 공부하기 시작했다.

다르코가 일으킨 변화는 여기서 끝나지 않았다. 다르코는 크로아티아 전역에서 교육 프로그램을 실시하는 NGO '호리존트'(Horizont)와 함께 '포크레트 교과과정'을 개발했다. 포크레트 교과과정은 학생들이 흥미를 보이는 과목과 고등학교를 졸업한 후에 사회생활을 하는 데 실질적인 도움을 주는 과목을 가르치는 데 초점을 두었다. 프로그램은 대단한 인기를 끌었고 성공했다. 머지않아 크로아티아 교육부는 8개의 고등학교에 이 프로그램을 시행했다.

다르코 로브리츠는 또래들의 교육을 향상시키는 데 큰 힘이 되었다. 더 중요한 것은 청소년들이 더 밝은 미래를 그릴 수 있도록 격려했다는 점이다. 미래는 청소년들에게 달려 있다. 다르코는 주어진 현실을 그저 받아들이지 않고 마땅히 누려야 할 교육 기회와 삶을 실현했다.

Click!

청소년 인문학 공부 교실

교육공동체 '나다'

nada.jinbo.net

학교 교육이 지루하고 따분했던 다르코만큼이나 학교 교육에 흥미를 잃었다면 스스로 공부하는 인문학 교실에 찾아가보는 것은 어떨까?
교육공동체 '나다'는 학교나 학원에서는 가르쳐주지 않는 인문학 강의가 열리는 곳이다. 청소년들이 직접 운영에 참여하며 놀고 공부하는 공간인 만큼, 청소년이 학부모나 교사와 마찬가지로 교육의 주체로 참여하고 있다. 강의는 초등부, 중등부, 고등부로 나뉘어 있고, 철학, 신화, 대중음악 등 10대 청소년들이 관심 있는 주제들로 인문학 강좌가 열린다.

아프가니스탄청소년기금 설립자

열일곱 살의 주흐라 바흐만

주흐라 바흐만의 가족은 1999년에 폭력 사태를 피해 고국인 아프가니스탄을 떠나야 했다. 그때 주흐라는 열일곱 살이었다. 가족은 처음에 파키스탄에 자리를 잡았다가 다시 영국으로 이주했다. 주흐라는 외국에서 살게 되었지만 마음속에는 늘 고국 아프가니스탄이 자리하고 있었다. 그래서 기회가 될 때마다 고국에 대해 이야기했다. 주흐라는 사람들에게 자신이 떠나야만 했던 아프가니스탄의 상황에 대해 이야기했다. 그리고 탈레반 정권이 권력을 장악했을 때의 공포, 특히 여성들을 심하게 탄압했을 때 느꼈던 참혹함에 대해 이야기했다.

주흐라에게는 일단 아프가니스탄 사람들이 겪었던 어려운 문제에 대해 사람들이 아는 것이 중요했다. 하지만 주흐라의 장기적인 목표는 아프가니스탄의 아이들이 교육받을 기회를 확대하는 것이었다. 특히 학교에 갈 권리가 인정되지 않는 소녀들에게 교육을 받을 기회를 주고 싶었다. 주흐라가 아프가니스탄을 떠날 당시에 마을에서 글을 읽을 줄 아는 소녀는 주흐라뿐이었다. 주흐라는 소녀들이 교육을 받는다면 지역사회나 정부, 가족 문제에 더 많이 참여할 수 있고 더 많은 영향을 끼칠 수 있다고 믿었다. 그러나 탈레반 정권 아래에서 이런 변화는 불가능해 보였다.

2002년 미국이 탈레반 정권을 몰아내기 위해 군사 행동을 개시하면서 주흐라에게도 기회가 왔다. 위험한 일이었지만 주흐라는 '유니세프'와 아프가니스탄 교육부의 도움으로 목표를 향해 서서히 나아갈 수 있었다. 주흐라는 먼저 아프가니스탄의 수도 카불에 있는 여자 고등학교에 도서관을 짓는 일을 도왔다.

주흐라는 '아프가니스탄청소년기금'을 설립하고 자신이 할 수 있는 일을 계속 해나갔다. 아프가니스탄청소년기금은 주흐라의 고국에서 교육계획을 실행하는 일에 헌신하는 단체다. 이 단체의 도움으로 또 다른 여자 고등학교에 두 번째 도서관이 생겼고, 이제 세 번째 도서관 계획도 진행 중이다. 또 가난한 청소년을 위한 교육센터 두 곳도 문을 열었다. 이 교육센터는 10대들에게 영양이 풍부한 식사를 제공하는 한편, 10대들의 삶을 개선하는 데 유용한 실제적인 기술들을 가르치고 있다. 여전히 아프가니스탄 사람들은 힘겨운 문제들을 겪고 있다. 하지만 주흐라의 말처럼 "교육은 많은 문제를 풀어낼 해결책"이다.

Click!

청소년에게 교육의 기회를

아프가니스탄청소년기금

Afghan Youth Fund
www.afghanyouthfund.org

주흐라가 만든 이 단체의 사이트를 방문하면 아프가니스탄의 청소년을 지원할 구체적 방법, 카불과 주변 지역에서 실시되고 있는 교육 및 보건 계획에 대한 정보를 찾아볼 수 있다.

100만 명의 고아에게 후원을

아프가니스탄아동기금

Afghan Children's Fund(ACF)
www.afghanchildrensfundinc.org

이 단체는 아프가니스탄 아동들을 돕는 비영리 단체로 전 세계적으로 널리 알려졌다. 아프가니스탄아동기금을 통해 많은 사람들이 기부를 하고 아동 후원 활동에 관심을 기울이는 것은 무엇보다도 아프가니스탄의 아동 문제가 여느 지역보다 심각하기 때문이다.

지난 20년 동안 벌어진 전쟁들로 인해 백만 명이 넘는 아프가니스탄의 아이들이 부모를 잃고 고아가 되었다. 그 아이들 대부분이 교육과 의료 혜택을 받지 못하고 있다. 일례로 1979년 소련의 침략 때에는 40만 명의 아이들이 지뢰에 희생당했으며, 백만 명 이상이 '외상 후 스트레스 증후군'을 앓고 있다. 아프가니스탄 어린이들 4명 중 1명은 5세가 되기 전에 죽고, 전체 인구의 50퍼센트 이상이 전혀 교육받지 못한 18세 이하의 아동과 청소년들이다.

아프가니스탄아동기금의 홈페이지에 접속하면 자세한 후원 방법과 단체의 행사들이 나와 있다. 특히 아프가니스탄 아동들 가운데 부모를 잃은 고아의 후견인이 되어줄 수도 있다.

차고에서 **아이들을 가르친**

열일곱 살의 람 고팔라크리슈난

"학생이 학교를 세울 수 있는 방법이 없을까?"

열일곱 살의 람 고팔라크리슈난은 스스로에게 물었다. 람은 자신이 살고 있는 인도의 노이다에 청소년들이 공부를 할 장소가 필요하다고 생각했다. 그곳에서는 많은 사람들이 가난했고, 거의 교육을 받지 못했으며, 글을 읽을 줄 몰랐다. 사실상 인도인들 가운데 절반 정도가 글을 몰랐다.

람 역시 12억이 넘는 인도 인구의 절반을 혼자서 가르칠 수는 없다고 생각했다. 하지만 분명히 자신의 주위에서부터 변화를 일으킬 수 있다고 믿었다. 쉽지는 않겠지만 직접 학교를 세워보기로 마음먹었다. 돈도 별로 없는 평범한 열일곱 살짜리에겐 크나큰 도전이었다. 2000년에 람은 가족, 이웃, 선생님, 그리고 자기가 아는 거의 모든 사람들에게, 자신이 기획한 '문맹 퇴치 프로젝트'에 기부해달라고 요청하기 시작했다.

결국 람은 책, 종이, 연필, 지우개 등 아이들이 다닐 작은 교실에 필요한 물품들을 충분히 살 수 있게 되었다. 그러고 나니 또 다른 궁지에 빠졌다. 아이들이 공부할 교실로 쓸 수 있는 공간이 전혀 없었던 것이다. 람은 주변 사람들에게 사용 가능한 공간이 있는지 묻고 또 물었다. 마침내 근처 차고에서 남는 공간을 발견했고, 한참 손을 봐서 제법 쓸 만하게 개조했다. 교사를 찾는 것도 꽤 힘들었지만 자원봉사자 2명을 구할 수 있었다.

처음 학교 문을 열었을 때 아직도 가솔린과 석유 냄새가 희미하게 남아 있었고, 이 차고 교실에 찾아온 아이들은 고작 3명뿐이었다. 그러나 이 학생들은 열심히 학교를 다녔고, 이 아이들을 보고 주변의 다른 아이들도 이 교실에 나오기 시작했다. 머지않아 좁은 차고 교실에 나오는 학생 수는 30명으로 늘었다. 모두가 청소년들이었고 대부분이 소녀들이었다. 차고 교실마저 없었다면 학교에 다닐 기회가 전혀 없는 아이들이었다.

2006년에 람이 싱가포르에 있는 대학에 진학하게 되자, 람은 차고 학교를 동생 라즈에게 맡겼다. 라즈는 믿고 일을 맡길 만한 사람이었으며, 이미 람의 활동에 동참하고 있었다. 람은 말한다.

"우리가 부딪혔던 모든 어려움에 대해, 우리는 아름다운 방법으로 보상받았습니다. 이 보상으로 수많은 사람들이 용기를 내어 세상을 더 살기 좋은 곳으로 만들 것입니다."

교육은 생활환경을 향상시키기 위해 없어서는 안 된다. 정치적으로 부패했거나 문화적으로 분쟁이 있는 지역에서는 지배계층이 권력을 유지하기 위해 교육을 금지하기도 한다. 교육을 받지 못한 사람들은 대체로 불의에 대항해 지배계층에 반대하는 단체를 만들거나 스스로를 보호하는 능력을 갖기 어렵기 때문이다. 또한 이런 사람들은 경제나 정치에 관여하는 일도 어려워한다. 여성, 소수자, 그리고 가난한 사람들이 가장 심각한 영향을 받는 사람들이다.

지역별 성인 문맹률(전 세계 성인 문맹자 7억 8,000만 명)

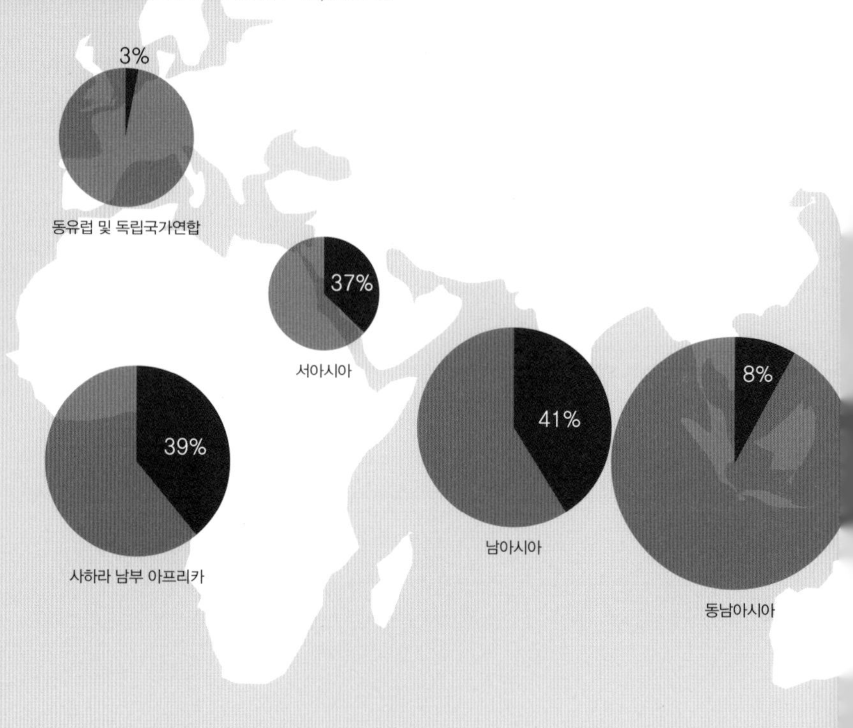

● 거의 **10억** 명의 사람들이 글을 모른다. 이런 사람들 중 대부분은 개발도상국에서 살고 있다. 그리고 이중에 약 **2/3**는 여성이다.

● 전 세계적으로 약 **1억 3400만** 명의 취학 연령 아동이 한 번도 학교에 간 적이 없다. 이런 아동들 대부분은 여자아이들이다.

● 교육을 받을 기회는 시골 지역에서 가장 제한된다. 개발도상국의 시골 지역에서 사는 초등학교 1학년 나이의 어린이 가운데 **1/3**이 입학 등록을 하지 못하고 있다.

● 미국에서는 학생들 가운데 **10**% 이상이 고등학교를 졸업하기 전에 학교를 그만둔다.

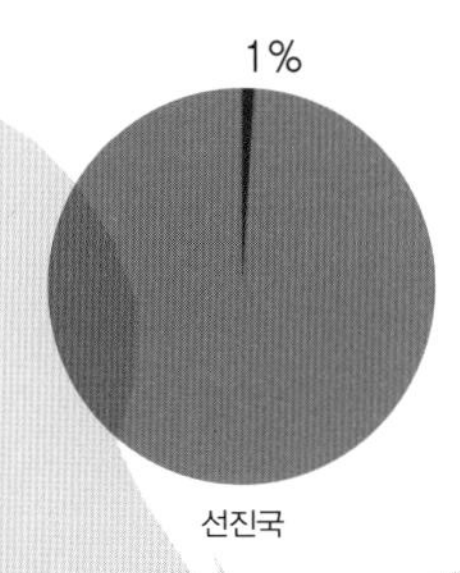

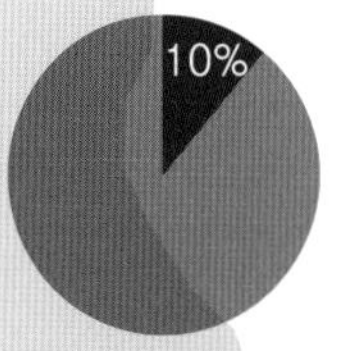

출처 UNESCO Institute for Statistics(UIS), 2006

지역사회에서 무엇을 할 수 있을까?

1 올바른 교육 계획을 지지하자

여러분의 지역사회에서는 현재 어떤 교육 정책이 실시되고 있는가. 무상 급식이나 학생 인권 조례와 같은 교육 정책은 학생들에게 지대한 영향을 끼친다. 따라서 현재의 교육 정책과 활동에 대해 알아둘 필요가 있다. 그래야만 청소년들이 자신들의 배움에 관해 부당한 대우를 받지 않도록 올바른 목소리를 낼 수 있기 때문이다. 아래의 몇 가지 방법으로 올바른 교육 계획을 지지할 수 있다.

• 학생들의 교육과 자치 활동을 지원해주는 교육 기금을 마련하자. 교육 기금을 모으는 것은 사회가 구성원들에게 제공할 수 있는 가장 중요한 투자다. 지역신문 편집자에게 여러분의 의견을 담은 이메일을 보내자. 여기에는 전달되었으면 하는 모금 목표액을 꼭 밝혀두어야 한다. 또한 모금액이 부족할 경우 청소년 자치 활동에 지장을 초래할 수도 있

다는 점을 편지에 써도 좋겠다.

• 특정한 교육 정책을 찬성하거나 반대하는 캠페인을 벌이자. 교육부나 학교에서 추진하고 있지만 아직 결정되지 않은 교육 계획이 있다면 자세히 알아보고 의견을 표명할 필요가 있다. 계획에 대한 다양한 의견을 공유하는 웹사이트를 만들자.

• 교육 단체나 협회에 가입하자. 교육을 후원하는 지역단체나 국가단체의 구성원이 되려면 어떻게 해야 하는지 조사하자. 이 단체들은 교육권을 침해하는 계획이 검토되고 있을 경우 경고성 이메일을 발송하거나 그 계획에 대한 조치 방안을 제안해준다. 또한 단체나 협회에 이미 가입한 선생님들이 있을 경우 머리를 맞대고 함께 대책을 고민할 수도 있고 전문가들의 도움을 받을 수도 있다.

• 국회 교육위원회나 지역 시의회 또는 구의회에서 교육 문제를 논의하는 공개 회의에서 학생들의 의견을 나타낼 수 있는 학생 단체를 조직하자. 청소년들이 운영하는 청소년 의회에서도 회의에 안건을 올리고 학생 문제에 관한 여러분의 관점을 발표하자. 여러분의 단체를 더 눈에 띄게 하고 싶다면, 행사를 보도할 언론인들을 초대하자.

2 학습을 도와주는 활동에 참여하자

사람들에게 배움의 기회를 제공하는 활동에 참여할 수 있는 방법은 많다. 어떤 학교에는 중고생들이 초등학생들을 가르치는 봉사 활동 프로그램이 있다. 또한 학습에 지장을 주는 장애나 문제가 있는 또래들을 도와줄 수도 있다. 여러분의 개인적인 적성과 관심사에 따라 다른 학생들에게 국어, 영어, 수학, 과학 등 교과목을 가르치는 일에 자원봉사하면 된다. 만약 그런 프로그램이 없다면 선생님이나 상담 선생님께 이런 자원봉사 프로그램을 시작할 수 있도록 도와달라고 부탁해보자.

청소년 외국어 봉사 동아리 Meteor
www.meteorteens.com

지역 공부방이나 아동센터에서 저소득층 자녀들에게 영어교육 봉사 활동을 하는 단체이다. 고등학교 1~2학년생부터 선생님이 될 수 있으며, 학생들에게 영어를 가르치면서 자신의 역량 계발도 꾀할 수 있다.

3 지역사회 교육 프로그램에 참가해 다른 학생을 가르치자

지역단체와 도서관, 교회에서는 다양한 지역 주민들에게 공부와 생활에 관련한 여러 가지 수업과 활동을 제공하고 있다. 이런 프로그램들은 지역에 따라 굉장히 다양하다. 만약 해외에서 국내로 이주한 이민자나 이주 노동자가 아주 많은 지역에서 살고 있다면, 한글을 가르치는 수업이 꼭 필요할 것이다. 이외에도 취업에 유용한 직업 개발 교실도 도움이 될 것이다. 컴퓨터 프로그램을 교육하는 강좌도 자주 개설되고 있다. 주변에서 시행되고 있는 교육과정 가운데 여러분의 관심사와 능력을 활용할 수 있는 프로그램을 찾아서 학생들을 가르치는 봉사 활동에 참여해보자.

글로벌하게 무엇을 할 수 있을까?

1 도서 기부 행사를 조직하자

전 세계적으로 그리고 국내에서도 산간 지방이나 농촌 지역의 어린이들에게는 책이 부족한 것이 현실이다. 도서 기부 행사를 열면 책을 필요로 하는 사람들을 도울 수 있다. 뿐만 아니라 '기부를 통해 이웃을 돕는다'는 나눔의 정신을 사람들과 공유할 수 있다.

• 지역 학교와 교회나 절, 정부 기관 건물 등에 지속적으로 책을 기부할 수 있는 기부 지정 장소들을 마련하자. 기부된 책을 수집하는 함에 모인 책들이 기부되는 과정을 나타낸 도표나 그림을 붙이자. 책을 받아보는 지역 및 단체의 사진을 함께 붙여두는 것도 좋겠다. 책이 어디로 기부되는지 사람들에게 확실히 알리자.

• 도서 기부 행사를 홍보하자. 학교의 친구들에게 도서 기부 행사에 대해 알리자. 신문, TV, 라디오, 또는 인터넷 언론 매체의 특집 기사 담당

편집자에게 연락해서 프로젝트에 대해 소개해달라고 요청하자. 기부 지정 장소와 시간, 행사 기간에 대해 빠짐없이, 확실히 알리자.

• 도서 기부 행사를 지역의 다른 행사와 결합시키자. 지역 주민들을 대상으로 한 무료 음악회나 공연에서 도서를 기부하는 함을 설치한다거나 지역 문화 축제에 참여해서 도서 기부 행사를 알리는 부스를 마련하는 것도 좋겠다. 여러분이 살고 있는 지역의 작가들에게 도움을 요청하여 낭독회나 북콘서트를 여는 것도 도움이 될 것이다.

• 도서관과 학교, 서점, 출판사로부터 헌 책을 모으자. 또 지역 상점들과 협의를 해서 기부를 하는 사람들에게 할인을 해주거나 사은품을 제공하는 행사를 만드는 방법도 있다.

2 학교 비품 마련을 위해 모금을 하자

개발도상국의 어린이들을 교육하는 데 필요한 물품은 책만이 아니다. 공책, 펜, 연필, 지우개 등 기본적인 물품이 부족할 때가 많다. 책상이나 칠판 등의 교육 시설이 부족한 것은 물론이거니와 교사에게 월급을 지급하기도 매우 어려운 상황이다. 도서 기부 행사처럼 교육에 필요한 기본적인 물품들을 기부하는 캠페인을 조직해보자. 아니면 전 세계의 어려운 아동들에게 교육 기회를 제공하려고 노력하는 단체에 보낼 기금을 모으는 행사를 열어도 좋겠다.

3 해외 학교와 관계를 맺자

다른 나라나 다른 지역 사람들과의 문화적인 교류를 통해서 새로운 정보를 배우고 이해의 폭을 넓힐 수 있다. 다양한 인터넷 프로그램을 이용하면 여러분의 교실에서도 이러한 교류가 가능하다. 지역과 국경을 뛰어넘어 학생들은 서로의 관심사를 공유하고 지구촌의 문제를 해결할 수 있는 방법을 함께 고민하게 된다. 이런 형태의 공동 봉사 활동 프로젝트가 교과 과정의 일부인 나라도 적지 않다. 공동 봉사 활동에 관심이 있다면 해당 프로그램을 찾아보자. 그리고 선생님과 반 친구들과 어떤 프로그램에 참여하는 것이 좋을지 함께 토론해보자.

4 외국인을 가르치는 온라인 자원봉사를 하자

멀리 외국에 나가지 않고도 여러분은 세계에 변화를 일으킬 수 있다. 예를 들어, 학교 교육을 받기 힘든 개발도상국의 친구들을 온라인상으로 가르칠 수 있다. 또는 한글을 영어로 번역하거나 영어를 한글로 옮기는 등 번역가로서 봉사할 수도 있다. 많은 단체들이 여러 가지 언어로 정보를 제공하려고 노력하고 있다. 여러분이 적어도 한국어 이외의 다른 언어를 할 수 있다면 이 일에 꼭 맞는 인재다. 또한 봉사단체의 웹사이트를 만드는 데 도움을 주거나 온라인 모금 활동에 참여할 수도 있다. 그 밖에도 온라인상에서 진행되는 다양한 활동에 여러분이 힘을 보탤 수 있다.

해외에서 어려운 사람들을 가르치는 자원봉사 기회는 엄청나게 많다. 여러분은 다른 나라에 가서 한글을 가르칠 수 있다. 두 나라의 언어 모두를 사용할 줄 안다면 더없이 좋겠지만, 반드시 그럴 필요는 없다. 그 밖에도 컴퓨터와 미용, 요리 등 여러 가지 과목을 가르칠 수 있는 기회가 많이 있다. 일단은 프로그램을 검토하는 것부터 시작해보자.

국경없는 교육가회
Educators Without Borders(EWB) www.ewb.or.kr

이 단체는 세계 어린이들이 공평하게 공부할 수 있는 기회를 가지도록 협력과 지원에 앞장서고 있다. 궁극적으로는 평등한 교육의 기회를 줌으로써 세계 빈곤을 퇴치하고자 한다. 홈페이지에 가면 자원봉사와 후원을 할 수 있다. 자원봉사자들에게 최소 6개월 이상, 월 1회 이상 봉사 활동을 할 것을 권장하고 있다.

THANK YOU!
남극을 지켜줘
엄마랑 같이살거야
숲이 필요해
고마워
"환경을 보호하는 건
매우 중요한 일이에요.
우리가 지켜야만 다음 세대에게
물려줄 수 있기 때문이죠.
우리는 세상을 바꾸어 더 나은 곳으로
만들 힘이 있습니다."
—스물네 살의 자니네 리카레

아름다운 지구

우리가 숨 쉬는 공기, 우리가 마시는 물, 우리가 먹는 음식 모두
우리의 생명을 좌우한다. 그러므로 환경보호는
마땅히 그 무엇보다도 우선해야 할 문제다.
잠깐의 불편함을 참거나 무의식적인 행동을 약간만 바꿔도
지구에 큰 변화를 일으킬 수 있다.

아메리카
코스타리카

열대우림을 구한
열 살의 자니네 리카레

사람들은 열대우림을 떠올릴 때면 대부분 커다란 푸른색 나무와 땅 위를 무성하게 뒤덮은 식물들, 사방을 돌아다니는 동물들을 상상한다. 먼지투성이 도로나 요란한 소리를 내며 돌아다니는 트럭, 시꺼먼 연기를 구름처럼 내뿜는 불도저는 보통 상상하지 못한다. 하지만 이것이 실제로 많은 열대우림 지역에서 볼 수 있는 풍경이다. 불도저가 나무를 쓰러뜨리고 토착 식물을 갈아엎는 모습 말이다.

이렇게 절박한 상황이 자니네 리카레의 집 근처에서도 벌어지고 있었기 때문에, 누가 말해주지 않아도 자니네는 열대우림의 위기에 대해서 알고 있었다. 코스타리카의 마누엘 안토니오에서 사는 자니네는 날마다 이런 상황을 직접 목격했다. 자니네는 나무들이 잘려나가 숲이 무성하게 우거졌던 지역이 완전히 사라지는 것을 보았다. 그리고 벌목용 트럭이 셀 수도 없이 많은 동물들을 그대로 들이받고 지나가는 것도 숱하게 보았다.

결국 열 살밖에 되지 않은 자니네는 더 이상 보고만 있을 수 없다고 판단했다. 1999년 자니네는 '열대우림을 구하는 아이들'을 공동 설립했다. '열대우림을 구하는 아이들'은 숲과 숲에 사는 야생 동식물을 보존하는 일에 헌신하는 단체다. 이 단체는 맨 먼저 티티원숭이를 보호하기 위해 지역사회의 참여를 동원하는 일부터 시작했다.

엄청난 수의 티티원숭이가 차 바퀴에 깔려 죽어가고 있었다. 숲이 사라지면서, 티티원숭이들은 도로를 건너 이동해야 했다. 어떤 티티 원숭이들은 송전선을 따라 기어올라 도로를 건너려고 하다가 전기에 감전되어 죽었다. 이런 일이 일어나지 않도록 하기 위해 자니네와 열대우림을 구하는 아이들은 기금을 모아 원숭이들이 이용할 수 있는 다리를 지었다. 생명을 위협하는 도로 위로 아주 높게 밧줄을 설치하여 티티원숭이들이 안전하게 지나다닐 수 있도록 한 것이다.

열여덟 살이 된 자니네는 여러 가지 방식으로 숲과 야생 생물을 구하기 위해 계속해서 노력을 기울이고 있다. 열대우림을 구하는 아이들은 지금까지 5,000그루 이상의 나무를 심어 벌목으로 파괴된 부분을 메우는 데 힘을 보탰다. 또한 동물보호센터를 열어 다친 동물들을 치료한 후 야생으로 돌려보내고 있다.

이 단체가 진행하고 있는 또 다른 중요한 활동은 사람들에게 열대우림에 대해서 알려주고 열대우림을 구하는 방법을 가르치는 일이다. 이 활동을 통해서 열대우림을 구하는 아이들은 코스타리카 국경을 넘어 세계적으로 성장했다. 인도, 프랑스, 미국 등 전 세계 곳곳에 단체의 지부가 형성되었다.

이제 많은 사람들이 열대우림을 보존하는 일에 관심을 보이고 있다. 자니네는 열대우림 보존의 중요성을 알리는 일에 자신의 열정을 쏟았다. 더욱이 자니네는 다른 사람들에게 자신의 마음을 전하는 일에 재능이 있었다. 환경보호를 실천에 옮기기 위해 사람들이 만든 이 세계적인 단체는 열대우림을 구하기 위해 적극적으로 일하고 있다. 열 살의 자니네는 이제 어엿한 스물네 살의 아가씨가 되었다. 하지만 열대우림을 구하는 일을 멈추지 않았다.

"환경을 보호하는 건 우리 삶에 매우 중요한 일이에요. 우리가 지켜야만 다음 세대에게도 물려줄 수 있기 때문이죠. 열대우림이 파괴된다면 우리가 살고 있는 지구도 미래에는 사라지고 말 거라는 걸 명심해야 되요!"

Click!

열대우림을 구하는 아이들

Kids Saving the Rainforest (KSTR)
www.kidssavingtherainforest.org

과학자들은 지금까지 존재가 알려지지 않은 생물종 가운데 수천 종이 열대우림에 살고 있다고 추정한다. 또한 이 식물과 동물들이 세계를 이해하고 질병의 치료법을 고안하는 단서를 제공할 거라고 본다. 물론 두말할 것도 없이 이 생물종들을 살펴보고 연구하는 것 자체도 정말 흥미로운 일이다. '열대우림을 구하는 아이들'의 웹사이트에 접속하면 자니네가 숲을 구하기 위해 현재 무엇을 하고 있는지 최근 소식을 볼 수 있다. 자니네의 활동을 조사해보고 여러분이 열대우림 생물들의 서식지를 보존하는 활동을 어떻게 도울 수 있는지 알아보자.

생물다양성을 주장한 '새 박사'

열아홉 살의 가브리엘라 매콜

만약 여러분 주변에서 새들이 전부 사라지고 있는 것 같다면 여러분은 어떻게 하겠는가? 고등학교 3학년이었던 가브리엘라 매콜은 새를 정말 좋아했다. 그런데 자신이 살고 있는 푸에르토리코의 후마카오 지역에서 새들이 사라지고 있는 것 같다는 느낌이 들기 시작했다. 이와 더불어 주변에서 다수의 개발 사업이 진행되고 있다는 것도 알아차렸다. 상점과 영화관, 집들이 여기저기서 우후죽순처럼 생겨나고 있었다. 가브리엘라는 새가 사라지는 것이 개발 사업과 관련이 있는 게 아닐까 싶어서 조사해보기로 마음을 먹었다.

가브리엘라는 주변에 어떤 종류의 새가 얼마나 많이 살고 있는지부터 파악하는 것이 중요하겠다고 생각했다. 그래서 꼼꼼하게 주변을 관찰하고 해당 지역에 서식하고 있는 새의 종류를 기록했다. 가브리엘라는 새 개체군의 사진을 찍고 노트에 적었다. 조사를 마치고 기록을 정리한 후, 가브리엘라는 사람들에게 공개할 때가 되었다고 생각했다.

가브리엘라는 전시회를 열어서 자신이 모은 정보를 모두 공유했다. 가브리엘라는 새들이 살아남는 것만이 중요하다고 말하지 않았다. 새들이 죽어가는 것이 그 지역 사람들에게 무엇을 의미하는지를 강조했다. 새의 개체군이 줄어드는 것은 지역 생태계에 이상이 생겼다는 신호였다. 그리고 생태계의 불균형은 결국 인간을 포함해 그 지역에 사는 모든 생명체들에게 영향을 끼치게 된다. 가브리엘라는 지역 주민들의 건강과 안전이 다양한 생물종을 뒷받침하는 환경에 달려 있다는 것을 알고 있었다. 가브리엘라는 새와 인간, 그리고 다른 모든 생명체들이 반드시 다 같이 번창할 수 있도록, 조화로운 환경을 염두에 두고 도시계획을 실행하는 것이 중요하다고 이야기했다.

가브리엘라의 발표는 어린이들에게 대단한 성공을 거두었다. 형형색색의 새들을 찍은 슬라이드 쇼와 가브리엘라가 개발한 환경 보존 컴퓨터 게임이 아이들의 마음을 사로잡았고, 이내 아이들은 깃털이 달린 모든 생물들에 반해버렸다. 가브리엘라는 어린아이들에게 다가가는 것이 중요하다는 걸 알고 있었다. 바로 그 아이들이 언젠가 지역의 개발을 좌우하게 될 테니까 말이다. 나아가 가브리엘라는 환경을 고려한 개발이 이루어질 수 있도록 더 많은 대중에게 이 문제를 공개했다. 이러한 시도를 통해서 세대와 상관없이 새를 관찰하고 사랑하는 모든 사람들이 자신의 활동을 지지하고 있다는 것을 알게 되었다.

Click!

지금처럼 에너지를 사용하려면 지구가 몇 개나 필요할까?

생태 발자국 테스트

Ecological Footprint Quiz
www.myfootprint.org

여러분의 생활이 환경에 끼치는 영향이 어느 정도인지 계산해보고 싶은가? 이 웹 사이트에 접속해서 여러분의 습관이 지구에 얼마나 영향을 미치는지 알아보자.
생태 발자국은 인간이 지구에서 삶을 영위하는 데 필요한 자원의 생산과 폐기에 드는 비용을 토지로 환산한 지수를 말한다.
지구가 기본적으로 감당해낼 수 있는 면적은 1인당 1만 8,000제곱미터이고, 면적이 넓을수록 환경 문제가 심각하다는 의미가 된다. 선진국으로 갈수록 이 면적이 넓은 것으로 나타났으며, 선진국에 살고 있는 사람들 가운데 20퍼센트가 세계 자원의 86퍼센트를 소비하고 있다. 2004년 녹색연합이 조사한 바에 따르면, 한국인의 생태 발자국은 4만 제곱미터로 이 방식대로 생활한다면 지구가 2.26개 필요하다.
비슷한 개념으로 '탄소 발자국'을 들 수 있다. 탄소 발자국(carbon footprint)은 인간이 일상생활을 하는 과정에서 얼마나 많은 탄소를 만들어내는지를 양으로 표시한 것으로, 지구온난화의 주범인 탄소를 정화하고 적게 발생시키자는 취지에서 사용하기 시작했다. '기후변화홍보포털'(www.gihoo.or.kr) 사이트에 접속하면 생활 속 이산화탄소 배출량을 계산해볼 수 있다.

버려진 화학무기의 위험을 해결한
미국과 러시아의 미래문제해결 프로그램

러시아의 서시베리아 초원 지대에 자작나무 숲과 소금 호수 사이로 작은 마을 시츄츠예가 들어앉아 있다. 시츄츠예는 아름다운 자연과 멋진 풍경이 사람들의 탄성을 자아내지만, 이 아름다운 풍경으로는 도저히 상상하기 힘든 사실이 있다. 시츄츠예에서 불과 몇 킬로미터 떨어진 곳에 낡은 화학무기 6,000톤이 버려져 있는 것이다. 그 양은 지구 전체의 인구를 세 번 죽이고도 남을 정도다. 설상가상으로 버려진 무기들은 다 쓰러져가는 나무 헛간에 무방비로 방치되어 있었다.

미국 위스콘신 주의 애플턴에 사는 4명의 고등학생들은 전 세계에 버려진 화학무기에 대해 조사하다 이 상황을 알게 되었고, 환경과 인간에게 심각한 영향을 주는 위험 요소라고 생각했다. 학생들은 뭔가 문제를 해결하고 싶었지만 위스콘신에서 시베리아까지는 너무 먼 길이었다. 그래서 학생들이 생각해낸 것은 시츄츠예의 무기 문제를 '미래문제해결 프로그램'의 프로젝트로 만드는 계획이었다. 미래문제해결 프로그램은 청소년들 스스로 미래에 벌어질 문제들을 연구하고 탐구하여 독립적으로 그 문제를 해결하도록 하는 프로그램이다.

지역 모금과 후원을 통해 러시아에 방문한 애플턴 팀은 시츄츠예 제2학교에 다니는 또래들을 만날 수 있었다. 애플턴 팀과 시츄츠예 팀은 버려진 화학무기와 그 대책에 대해서 의견을 나누었다. 학생들은 가장 먼저 사람들을 보호해야 한다는 데 뜻을 모았다. 무기를 없애는 일은 그 후에 진행했다. 해야 할 일들이 너무 많아서 밤이 새도록 회의가 계속되었다. 러시아 팀은 비상시의 대피 계획을 짰고, 비상시 행동 요령을 소책자로 만들어 사람들에게 나누어주었다. 만약의 사태를 대비해서 학생들에게 보호 장비를 공급하기도 했다. 애플턴 팀은 미국에서 모은 기금 중 일부를 사용해서 시츄츠예에 비상 사이렌을 2개 설치했고 웹사이트를 만들어 방문자들이 시베리아 청소년들에게 방독면을 선물할 수 있도록 했다.

이 활동들이 도움이 되기는 했지만 환경 재난이 일어날 잠재적 위험을 제거할 수는 없었다. 버려진 화학무기를 전부 없애기 위해서는 장기간의 시간이 필요했기 때문이다. 미국 정부가 군사 장비를 수거해서 처리하는 시설을 짓도록 도움을 주려고 했지만, 시츄츠예 사람들 대부분이 반대했다. 그런 설비로 인해 대형 참사가 일어날 가능성만 높아질 수도 있다는 두려움 때문이었다. 지역민들이 갖고 있는 두려움을 없애기 위해 러시아 학생들은 지역의 지도자들과 주민들에게 시설이 어떻게 작동을 하는지, 이 시설을 짓지 않으면 어떤 일이 생길 수 있는지 그동안 조사해온 정보를 알려주고 이해시키기 위해 노력했다.

마침내 주민들에게 시설을 짓는 것이 최선의 선택이라는 점을 납득시켰다. 두 나라의 학생들은 동시에 이 소식을 듣고 온라인을 통해 함께 환호하며 가상으로나마 감격의 포옹을 나누었다. 3년에 걸친 노력 끝에 현재 시츄츠예에는 군사 장비 처리 시설이 건설되고 있는 중이다. 이 프로그램에 참여한 학생은 말한다.

"이 프로젝트는 우리들의 일생에서 가장 엄청난 경험이었어요. 우리들의 삶은 이 프로젝트에 참여하면서 완전히 바뀌었어요. 국적과 상관없이 우리들은 한 팀이에요. 우리는 평생 친구랍니다."

국제 미래문제해결 프로그램

Future Problem Solving Program International (FPSPI)
www.fpspi.org

애플턴 북부 고등학교와 시츄츠예 고등학교의 학생들은 미래문제해결 프로그램에서 협력했다. 이 프로그램은 학생들이 세계의 문제들에 대해 창의적인 해결책을 개발할 수 있도록 격려한다. 지금은 창의성 경시대회로 발전해 초 · 중 · 고등부로 나누어 경시대회가 진행되며, 다음의 FPSP의 6단계 모델을 사용하여 문제해결 방안을 제출하면, 이에 대해 시상한다.

FPSP의 6단계

1단계: 미래에 있을 법한 문제 16개를 찾아낸다.
2단계: 미래 문제들 가운데 가장 핵심적인 문제를 찾아내고 진술한다.
3단계: 핵심 문제를 해결하기 위해 16개의 독창적인 아이디어를 만들어낸다.
4단계: 해결 아이디어를 평가하기 위한 평가 기준을 마련한다.
5단계: 가장 좋은 해결책 10개를 골라내어 평가기준으로 채점을 한다.
6단계: 가장 높은 점수를 받은 해결 방법을 구체적으로 기술한다.

아메리카
미국

숲과 공원을 살린 열다섯 살의 벤 밴워트

지역의 공원이나 자전거용 도로에서 청소를 하는 사람들을 본 적이 있는가? 아마도 여러 번 보았을 것이다. 어쩌면 여러분 중에는 비닐봉지를 들고 도로 위를 돌아다니며 쓰레기를 주워본 사람도 있을지 모른다. 환경을 보호하기 위해 벤 밴워트가 실천한 활동은 지금 이야기한 활동들에 한 천 배쯤 곱해야 할 것이다.

2000년에 벤은 잭슨 공원의 '공원 돌보기' 프로그램에 참여하는 공식 후원자가 되었다. 잭슨 공원은 벤이 살고 있던 미네소타 샤코피에서 가까운 휴양지로 그 크기가 35만 제곱미터에 달했다. 공원을 보호하겠다고 마음먹었지만 혼자서 감당하기에는 너무 넓기 때문에, 벤은 자신처럼 공원을 보존하는 일에 관심이 많은 동료들을 찾아야 했다. 벤은 이 일에 꼭 맞는 사람들을 찾았다. 바로 자신이 속한 보이스카우트 분대의 아이들에게 동참해달라고 부탁했던 것이다.

그런데 벤과 동료들은 그저 쓰레기나 줍고 집에 돌아간 게 아니었다.

아이들은 공원의 생태계를 회복시키는 프로젝트를 맡았다. 이미 병에 걸렸거나 손상된 나무를 제거해서 나머지 숲을 보호했다. 또한 2만 제곱미터가 넘는 지역에 분포하고 있던 갈매나무를 없앴다. 갈매나무는 외부에서 유입된 식물로 그 지역의 생태계에 해로웠다. 그리고 이 지역 야생 동물들에게 더 많은 보금자리를 제공하기 위해 나무를 몇 백 그루나 심었다. 물론 쓰레기도 많이 주웠다.

벤은 4년에 걸쳐 공원을 재건하는 일을 지휘했다. 그리하여 결과는? 공원의 생태계는 복원되었고, 쓰레기와 죽은 나무들로 뒤덮여 있던 공원은 활기를 되찾았다. 덕분에 사람들은 아름다운 자연을 더 많이 감상할 수 있게 되었다. 벤과 보이스카우트 친구들은 이 활동으로 2004년에 미국 대통령이 수여하는 청소년 환경상을 받았다.

세계스카우트연맹

World Organization of the Scout Movement
www.scout.org
한국스카우트연맹 www.scout.or.kr

벤이 스카우트 대원들과 잭슨 공원을 변화시킨 것처럼, 스카우트 활동을 하면 전 세계의 공동체에서 변화를 일으킬 멋진 기회들을 얻을 수 있다. 스카우트연맹은 영국의 육군 장군 베이든 파월 경이 1907년에 20명의 소년들과 함께 브라운시 섬에서 야영한 것을 계기로 결성되었다. 야영 생활은 청소년 개개인이 각자의 능력을 발휘하면서 사회에 큰 공헌을 하는 계기가 되었다. 이후로 100여 년 동안 각국으로 전파된 스카우트 운동은 오늘날 세계에서 가장 큰 청소년 운동으로 발전했으며, 현재 160개 정회원국에서 3,000만 명의 회원들이 활동하고 있다.

경제협력개발기구(OECD)가 발표한 환경전망보고서에 따르면 전 세계의 급속한 경제 성장이 지구의 환경 파괴를 가져와 2020년에는 심각한 환경재해를 초래할 수 있다고 한다. 가장 큰 문제는 재활용이 가능한 천연자원의 지속적인 사용 문제, 생태계 파괴, 인간 생활을 지탱하는 환경 시스템의 붕괴 등이다. 이 보고서의 기준으로 보면 적정량을 넘어선 어류 남획, 열대 지역의 삼림 벌채, 기후 변화, 도시 공기 오염, 쓰레기 배출, 토질 오염은 매우 심각해 빨간 신호등이 켜진 것으로 나타난다.

- **1** 시간마다 이산화탄소 **330만** 톤이 방출되며,
  630헥타르의 땅이 사라지고,
  4종의 식물이 멸종된다.

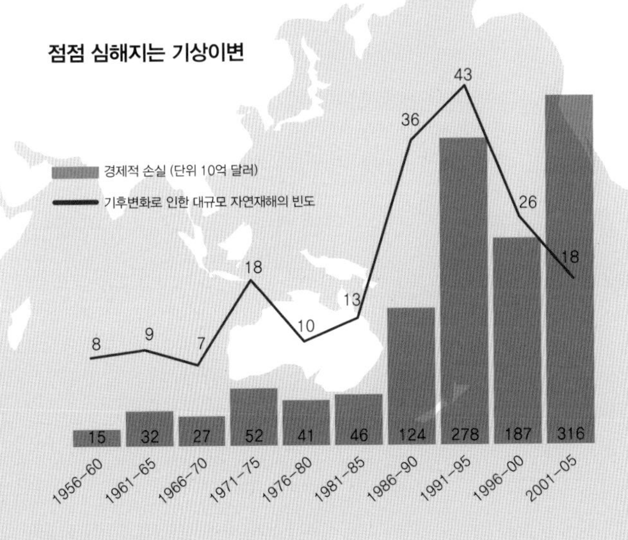

출처 Münchener Ruck, 2007 - Geo Topics 2006

지역사회에서 무엇을 할 수 있을까?

많은 사람들이 자신의 행동이 지구에 어떤 영향을 미치는지 제대로 교육받지 못하고 있다. 아니면 문제를 깨닫더라도 습관을 바꾸려고 들지 않는다. 사람들은 자동차에 엄청나게 의존한다. 에너지원이 고갈되고 있고, 자동차 배기가스가 지구 대기를 해치고 있다는 생각이 널리 퍼져 있는데도 불구하고 상황은 그대로다. 물론 자가용을 이용해야만 직장이나 학교에 갈 수 있는 경우도 있다. 하지만 자가용 대신 대중교통을 선택할 수 있는 사람들도 편리함 때문에 여전히 자가용 운전을 선호하는 경우가 많다. 결국 환경을 보존하려는 의지가 없거나 환경 친화적인 선택을 하지 못하는 것이 문제다.

1 습관을 바꾸자

환경 문제에 대해 이야기할 때 흔히 자원을 많이 소비하거나 주거 환경을 오염시키는 대기업을 비난하기 쉽다. 하지만 우리의 작은 행동들 역시 지구 환경에 영향을 주고 있다. 문제는 그것을 정확히 측정하기가 어렵다는 것이다. 여러분은 자전거나 버스로, 또는 걸어서도 쉽게 갈 수 있는 곳을 부모님께 부탁해서 자가용을 얻어 타고 가지는 않는가? 단열벽지를 사용한다거나 문풍지로 창문의 틈을 막아서 에너지 효율이 높은 실내 환경을 만들려고 노력하는가? 여러분의 가족은 유리와 알루미늄, 플라스틱, 종이, 그 밖에 재사용이 가능한 재료를 재활용하고 있는가? 가장 중요한 것은 개개인이 스스로 환경 친화적인 삶을 실천하면 할수록 가장 해결하기 어려운 환경 문제들을 해결할 수 있다는 점이다.

2 지구의 날을 기념하자

'지구의 날'은 지구 환경 오염의 심각성을 알리기 위해서 자연보호론자들이 제정한 지구 환경보호의 날이다. 1970년 4월 22일 미국에서 2,000만 명의 자연보호론자들이 모여 대규모의 자연보호 캠페인을 전개하고 시위한 날을 기념해 제정되었다. 한국을 비롯해 세계적으로 4월 22일을 지정하여 기념하고 있고, 때때로 3월에 기념일을 정한 지역도 있다. 여러분이 언제 이 행사를 기념하든 지구의 날 만큼은 지구에 도움이 되는 일을 하도록 하자. 멸종 위기에 처한 생물을 보호하는 캠페인에 참여해도 좋고, 가까운 공원에서 쓰레기를 줍거나 나무 심기 행사에 참여해도 좋다. 매일매일을 '지구의 날'처럼 살아야 한다는 것을 잊지 말자. 아래의 관련 단체들의 웹사이트에 접속하여 다양한 정보를 알아보자.

지구의 날 네트워크

Earth Day Network www.earthday.org

'지구의 날 네트워크'는 1970년에 처음으로 '지구의 날'을 조직한 사람들이 만든 단체이다. 오늘날 이 단체는 환경 운동가들을 연결하며 해마다 한 번씩 5억 명이 넘는 사람들이 참여하는 환경 프로젝트들을 편성한다.

지구 불끄기 행사

Earth Hour www.earthhourkorea.kr

매년 3월 13일 저녁 8시 30분부터 1시간 동안 전등을 끄는 운동이다. 세계에서 가장 큰 대중 참여 운동 중 하나로 지구의 환경을 지키기 위해 더 많은 것을 실천할 것이라는 약속을 다짐하는 캠페인이다.

그린피스

Greenpeace www.greenpeace.org

1971년에 설립된 '그린피스'는 가장 오래된 환경 보호 단체 중 하나이다. 이 단체는 세계의 삼림과 바다를 보존하는 운동을 비롯해 수많은 환경 관련 대의를 지지한다. 웹사이트에서 중요한 환경 계획을 실천하는 데 유용한 여러 가지 아이디어를 찾아보자.

환경을 위한 선택

Greener Choices www.greenerchoices.org

사람들이 어떤 제품을 구입하는지에 따라 환경은 크게 달라질 수 있다. 예를 들어, 여러분이 사는 지역에서 기른 먹거리를 사면 환경 파괴를 줄일 수 있다. 자신이 사는 지역에서 난 먹거리를 사면 그만큼 그 먹거리를 운반하는 데 드는 환경적인 비용도 줄어들게 된다. '환경을 위한 선택'은 이렇게 환경친화적인 선택에 대한 많은 의견들을 제안하고 있다. 또한 음식에서 가전제품에 이르기까지 모든 종류의 친환경 제품에 관한 정보도 제공한다.

3 재활용을 장려하는 캠페인을 만들자

많은 도시와 마을에서 재활용 프로그램이 실시되고 있다. 그런데 플라스틱과 유리, 알루미늄, 종이 등 재활용할 수 있는 물질들을 분리하지 않는 경우도 많다. 재활용하는 방법을 잘 모르거나 재활용하는 데 힘을 들이고 싶지 않은 사람들은 재활용을 위한 분리수거에 참여하지도 않는다. 재활용이 지역사회와 지구 전체에 얼마나 긍정적인 영향을 미치는지 사람들에게 알리는 데 여러분도 한몫을 하자. 납과 비소, 수은 같은 중금속이 다량 함유된 휴대전화, 매립과 소각이 불가능한 충전기나 배터리 등의 쓰레기를 바르게 처리하는 방법에 대해 알리는 것도 잊지 말자.

• 재활용 쓰레기를 수거하는 지정 장소를 확인하자. 재활용 쓰레기

수거 장소는 마을 어귀나 아파트 단지 안, 공공건물 근처에 있는 경우가 많다. 현재 여러분의 지역에 재활용 쓰레기 수거 장소가 없다면 구의회나 시의회, 주민센터나 구청에 요청하자.

• 재활용 캠페인을 홍보하자. 재활용 쓰레기 지정 장소에 관한 정보를 사람들과 공유하자. 여러분의 학교 친구들을 참여시키고, 캠페인과 관련된 공지사항은 주민센터나 시민회관 같은 공공장소에 게시하자. 또한 지역 언론에 연락해서 사람들이 재활용 프로그램에 관심을 보일 수 있도록 광고를 실게 해달라고 요청하자.

4 삼림지나 습지를 보존하는 일을 돕자

여러분은 집 근처의 연못이 오염되었다거나 삼림지가 사라지고 있다는 이야기를 들었을지도 모르겠다. 지역 차원에서 환경을 지키는 활동에 동참하는 것은 매우 중요하다. 이 일에 여러분과 이웃들의 건강과 삶의 질이 달려 있기 때문이다. 여러분이 할 수 있는 일은 무엇일까?

• 물이 있는 주변 지역의 상태를 꾸준히 관찰하자. 물고기나 야생 동물에게 해를 끼치는 화학 물질이나 중금속, 또는 다른 오염 물질이 있는가? 외래종이 우리 지역에서 서식하는 재래 동식물을 밀어냈는가? 어떤

학교들은 과학 수업에 주변 지역의 호수나 강을 분석하는 과정을 포함시키고 있다. 여러분의 학교에 그런 활동이 없다면 선생님께 건의를 해 봐도 좋겠다. 또한 여러분의 프로젝트에 지역의 환경 문제를 담당하는 행정 공무원이나 환경 단체들을 참여시키는 것도 검토해보자.

• 삼림지를 구하기 위해 힘쓰자. 어떤 지역은 벌목 회사들에게 숲을 전부 베어버려도 된다는 허가를 주기도 한다. 그래서 수만에서 수십만 제곱미터가 넘는 지역에서 한 그루의 나무도 볼 수 없는 상황이 일어난다. 게다가 나무들은 병에 약하다. 기생충이 덮쳐서 단 몇 년 안에 숲 하나를 없애 버릴 수도 있다. 여러분의 지역에서 벌목이나 병충해뿐만 아니라 숲을 위협하는 모든 일에 반대하는 캠페인을 벌이자. 무분별한 벌목의 위험을 알려도 좋고, 나무에 질병이 번지는 것을 막는 활동에 참여해도 좋다.

• 공원을 돌보는 일에 참여하자. 여러분 주변에 자연이 그대로 보존된 지역이 거의 없다면 시나 자치구에서 설립한 공원에서 봉사를 하자. 도시를 푸르게 하는 데 여러분도 보탬이 될 수 있다. 나무를 심고 정원을 가꾸거나 쓰레기를 치우고 잔디를 돌보는 일 등이 해당된다. 공원관리센터에 연락해서 봉사에 참여할 기회를 알아보자.

글로벌하게 무엇을 할 수 있을까?

1 온라인으로 환경보호 계획을 지지하자

클릭 몇 번으로 환경을 보호할 수 있다는 사실을 알고 있는가? 지구를 구하는 활동을 지지할 수 있는 웹사이트가 많이 있다. 이런 사이트들은 방문자 수가 많을수록 돈을 기부하는 후원자 수도 많아진다. 그 밖에 지구 환경을 지지하는 탄원서와 지역 차원에서 변화를 일으키는 방법들이 소개되어 있는 웹사이트도 많다.

2 환경 친화적 생활 정보를 퍼뜨리자

사람들이 환경 친화적인 선택을 하는 데 가장 방해가 되는 장애물로 정보의 부족을 꼽을 수 있다. 사람들에게 환경 친화적인 생활에 대해 어떻게 알릴 수 있을지 생각해보자. 인터넷 홍보, 잡지 발행 등 다양한 방법이 있다. 다음은 정보 공유가 필요한 몇 가지 주제들이다.

• 친환경 주택: 친환경 주택은 재활용 건축 자재를 이용하여 지은 에너지 효율이 높은 집이다. 어떤 친환경 주택은 옥상에 정원을 만들어 폭우로 인해 생기는 피해를 최대한 줄이기도 한다. '글로벌그린'(www.globalgreen.org)을 방문해서 지구에 친화적인 건물과 친환경 도시에 대해 더 자세히 알아보자.

• 에너지 효율과 물 절약: 난방 에너지 손실을 막는 방한 장치를 하고, 에어컨 사용을 제한하며, 물이 적게 나오는 샤워기를 설치하도록 장려하자. 이 밖에도 '지구캠페인'(www.campaignearth.org)에서 아이디어를 찾아보자.

• 유독성 폐기물: 유독성 폐기물이 국경을 넘어 거래되고 있다는 사실을 알고 있는가? 부유한 나라는 위험 물질이 국내에 남아 있는 것을 원하지 않으므로 개발도상국에 폐기물을 버린다. 그리고 그 대가로 경제적인 이익을 개발도상국에 주고 있다. 자세히 알고 싶다면 '바젤행동네트워크'(www.ban.org)를 방문해보자.

• 교통수단: 세계 일부 지역에서는 대다수의 사람들이 학교나 직장에 매일 자가용을 타고 다닌다. 이들은 대중교통을 선택할 수도 있다는 점을 거의 생각하지 않는다. 직장이나 학교까지 자전거와 대중교통을

이용하거나 또는 자가용을 여러 명이 함께 타면 환경에 얼마나 긍정적인 영향을 주는지 알리자.

3 기후 변화를 조사하자

기후 변화는 지구가 직면한 가장 심각하고 긴급한 문제 가운데 하나이다. 지구온난화를 유발하는 숨겨진 원인에 대해서는 지금도 활발하게 연구가 진행되고 있다. 그러나 무엇보다 중요한 것은 탄소 배출과 같이 인간이 지구의 대기에 주는 피해를 줄여야만 상황이 개선될 수 있다는 것이다. 기후 변화는 우리 모두에게 영향을 미치기 때문에 기후 변화를 막기 위해 우리 모두가 각자의 본분을 다 해야 한다. 이 문제에 대처하고 있는 단체들의 활동에 동참해보자.

4 친환경 여행가가 되자

친환경 여행이란 관광지의 문화나 풍물을 보고 즐기던 관광에서 벗어나 날로 오염되고 있는 지구 환경의 심각성을 깨우치고 생태계 보호의 중요성을 체험하는 관광을 말한다. 걷거나 자전거를 타고 일회용 제품을 사용하지 않는 등 현지 환경에 미치는 피해를 줄이려고 노력하거나 여행지에서 생산된 물건을 구입하는 것도 친환경 여행에 해당한다. 공정여행을 떠나는 것도 좋겠다. 공정여행은 생산자와 소비자가 대등한 관계를 맺는 공정무역(fair trade)에서 따온 개념으로, 어려운 나라의 주민들에게 조금이라도 도움을 주자는 취지의 여행이다. 이 밖에 환경파괴 현장에 찾아가 생태계 복구에 동참하는 적극적 의미의 친환경 여행도 있다.

공정여행 십계명

1. 현지인이 운영하는 숙소와 음식점, 교통편, 여행사를 이용한다.
2. 멸종 위기에 놓인 동식물로 만든 기념품(조개, 산호, 상아)은 사지 않는다.
3. 동물을 학대하는 쇼나 투어에 참여하지 않는다.
4. 지구온난화를 부추기는 비행기 이용을 줄이고, 전기와 물을 아껴 쓴다.
5. 공정무역 제품을 이용한다. 지나치게 가격을 깎지 않는다.
6. 현지의 인사말과 노래, 춤을 배워본다.
7. 여행지의 생활 방식과 종교를 존중하고 예의를 갖춘다.
8. 여행 경비의 1퍼센트는 현지의 단체에 기부한다.
9. 현지인과 한 약속을 지킨다. 약속한 사진이나 물건은 꼭 보낸다.
10. 내 여행의 기억을 기록하고 공유한다.

사람들은 청소년을 항상 미래와 연결 지어
생각하곤 합니다.
그래서 현재의 우리를 생각해달라고
요구하면 몹시 놀랍니다."

—열여섯 살의 카밀로 소아레스

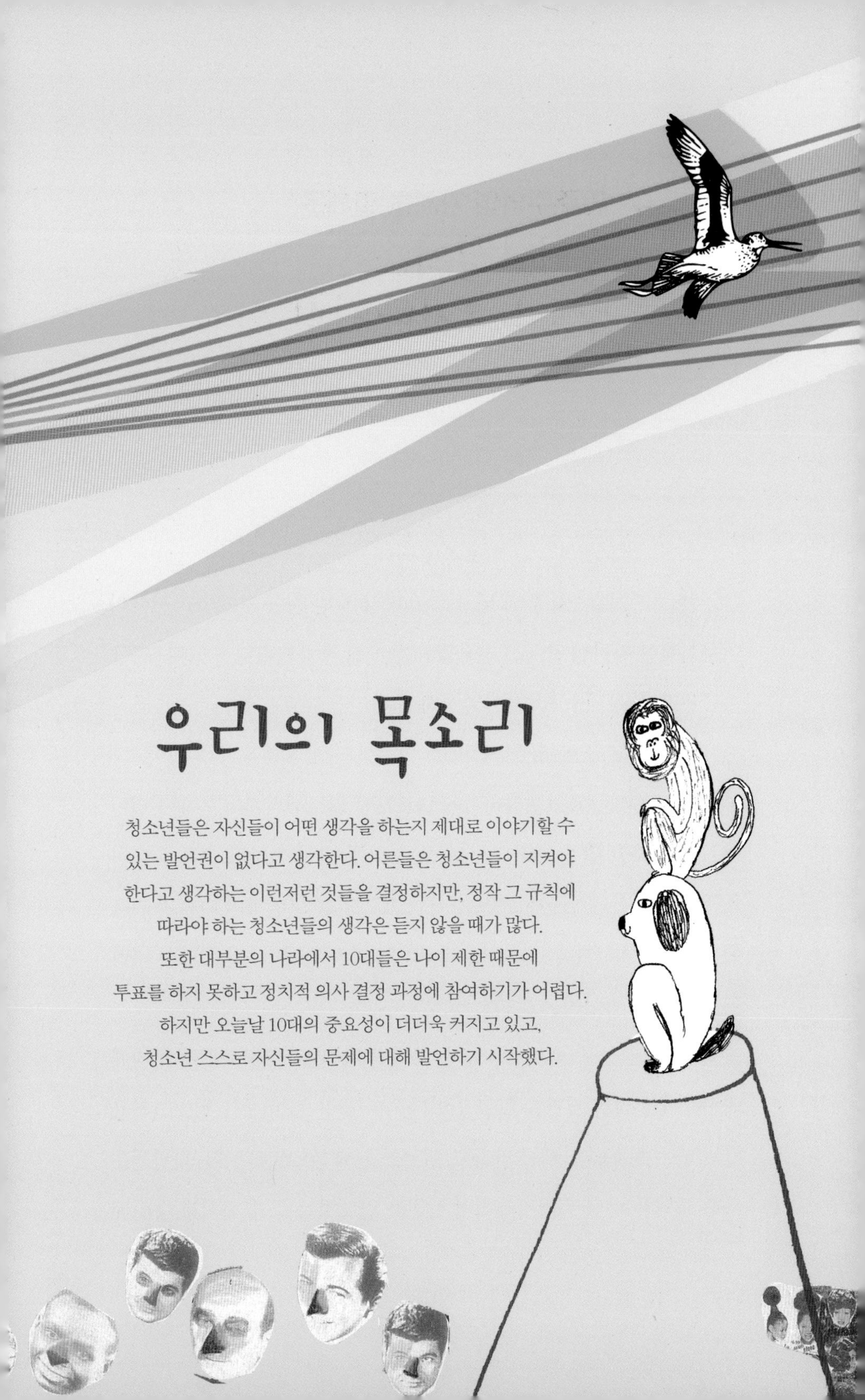

우리의 목소리

청소년들은 자신들이 어떤 생각을 하는지 제대로 이야기할 수
있는 발언권이 없다고 생각한다. 어른들은 청소년들이 지켜야
한다고 생각하는 이런저런 것들을 결정하지만, 정작 그 규칙에
따라야 하는 청소년들의 생각은 듣지 않을 때가 많다.
또한 대부분의 나라에서 10대들은 나이 제한 때문에
투표를 하지 못하고 정치적 의사 결정 과정에 참여하기가 어렵다.
하지만 오늘날 10대의 중요성이 더더욱 커지고 있고,
청소년 스스로 자신들의 문제에 대해 발언하기 시작했다.

유럽
유고슬라비아

민주주의의 가치를 일깨운

열여덟 살의 밀로스 요바나 사빈

열여덟 살의 밀로스 요바나 사빈은 구 유고슬라비아의 어두컴컴한 지하실 안에서 친구들과 함께 몸을 웅크렸다.

"우리나라를 구하려면 어떻게 해야 하지?"

아이들은 스스로에게 물었다.

때는 1997년, 유고슬라비아에 슬로보단 밀로셰비치의 독재 정권이 아직 군림하고 있을 때였다. 사람들 사이에 대량 학살과 고문에 대한 소문이 오고갔고, 다음번에는 자기가 그런 일을 당할까봐 다들 두려움에 떨고 있었다. 이제 누가 밀로셰비치의 표적이 될까? 앞으로 이 나라에 무슨 일이 벌어지는 걸까?

밀로스와 친구들도 두려웠다. 하지만 자신들이 나서서 이 문제에 대처해야 한다는 것만은 알고 있었다. 아이들은 '노비사드 청소년의용단'이라는 청소년 단체를 만들고, 밀로스를 회장으로 뽑았다. 회원들은 자주 회의를 하면서 밀로셰비치 정권을 반대하는 공개 시위를 수차례

계획하고 시행했다. 이런 활동을 하려면 상당한 용기가 필요했다. 정부는 이 단체를 위험하다고 느끼기 시작했고, 밀로스와 회원들을 '외국 용병' 또는 '파시스트'로 분류했다. 사람들을 박해해온 밀로셰비치 정권에 정적이 나타난 셈이다. 이제 회원들은 항의 활동 때문에 체포되거나 심지어 처형될 수도 있었다.

밀로스의 단체가 활동했던 시기에 유고슬라비아 사람들 역시 밀로셰비치의 통치를 거부하기 시작했다. 2000년이 되자 총선 일정이 잡혔다. 총선은 밀로셰비치의 독재를 끝낼 수 있는 완벽한 해결책으로 보였다. 투표로 몰아내면 그만이니까! 하지만 그렇게 간단한 일이 아니었다. 사람들은 계속 두려워하고 있었다. 만약 투표율이 저조해서 현 정부가 정권을 유지하게 된다면 엄청난 응징을 당하게 되리라는 두려움이었다. 이런 의심과 공포가 계속되는 한 사람들은 투표를 꺼릴 테고, 그렇게 되면 유고슬라비아는 앞으로 더 오랫동안 밀로셰비치의 탄압을 받을 운명이었다.

슬로보단 밀로셰비치

1989년 대통령이 된 밀로셰비치는 내전을 일으키고 인종청소를 벌여 '발칸의 도살자'라 불렸다. 그가 벌인 내전에서 사망한 사람은 30만 명이나 되었고, 80만 명 이상이 난민이 되었다.

이 위기의 순간에 노비사드 청소년의용단이 투표 기권 방지 운동을 벌이기 시작했다. 밀로스와 회원들은 거리로 나가 수천 개의 전단과 티셔츠, 밤샘 시위 때 사용할 만년필 모양의 손전등을 나눠주었다. 이 물건들에는 '투표는 민주주의를 이룩하는 유일한 길'이라는 메시지가 적혀 있었다. 사람들은 관심을 나타냈고 용기를 얻었다. 수많은 사람들이 투표를 지지하고자 나섰다. 마침내 선거에서 슬로보단 밀로셰비치는 완전히 패했고, 학살과 고문을 저지른 것에 대해 처벌을 받았다.

노비사드 청소년의용단은 피로 얼룩진 시대를 넘어 보다 희망적인 새 시대를 여는 데 큰 힘을 보탰다. 노비사드 청소년 의용단은 이제 훨씬 더 큰 단체로 성장했다. 구 유고슬라비아가 해체된 후 이 단체의 활동 반경은 더 넓어졌다. 유엔과 함께 공공 안전과 보건을 지키는 데 힘쓰고 있으며 교육 프로그램도 보강하고 있다. 앞으로도 유고슬라비아 사람들은 조국에 가장 용기가 필요했던 시기에 바로 그 용기를 주었던 이 단체의 회원들을 결코 잊지 않을 것이다.

학생인권조례를 외친 한국 청소년 인권 단체

아수나로

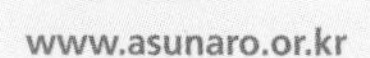

아수나로는 모든 청소년이 인권을 보장받는 사회를 만들기 위해 청소년들이 중심이 되어 잘못된 것을 바꿔나가는 단체다. 아수나로는 청소년들이 밤늦게까지 게임하는 것을 금지하는 '심야 온라인 게임 규제 조치'와 같은 청소년 규제 정책이나 머리 모양과 길이, 색깔 등을 규제하는 교육 정책에 일침을 가하고 있다. 또한 특정 대학에 합격한 것을 알리는 현수막을 반대하는 운동부터 학생인권조례를 제정하는 과정에도 참여하는 등 학생 문제에 관한 폭넓은 활동을 하기도 했다.
아수나로는 청소년 문제를 청소년이 아닌 다른 누군가가 대신 해결해주지 않는다고 생각한다. 그러므로 청소년들이 누려야만 하는 많은 권리들을 청소년들의 손으로 직접 얻기 위해서 노력한다. 여러분이 살고 있는 가까운 지역에도 아수나로 모임이 있으니 참여해보고 싶다면 홈페이지를 통해 문의해보자.

아메리카
파라과이

파라과이 최초의 **학생회**를 설립한

열여섯 살의 카밀로 소아레스

"학생회를 만들 거야."

열여섯 살의 카밀로는 어느 날 또래 친구들에게 이렇게 말했다. 때는 1992년이었고, 카밀로가 살고 있는 파라과이에서는 어떤 학교에도 학생회가 없었다. 하지만 열심히 활동한 끝에 카밀로와 친구들은 학생회를 만드는 데 성공했다. 이 아이들의 고등학교는 아순시온의 마차도에 있었는데, 파라과이에서 최초로 학생회를 만든 학교가 되었다. 그런데 돌이켜보면 이 일은 이후에 닥칠 변화의 서막에 불과했다.

학생회를 만든 다음 학생들은 스스로에게 물었다.

"이제 우리가 학교 문제를 맡는 게 어떨까?"

학생들은 다른 누구보다 자기 학교에 무엇이 필요한지 잘 알고 있었다. 어떤 문제들에 대해 자신들이 최종적으로 결정을 내린다면 훨씬 더 긍정적인 영향을 불러일으킬 수 있을 것 같았다. 마차도 고등학교 학생들의 주장은 강력한 설득력을 발휘했고, 마침내 학교 행정부는 학생들에게 권한을 주는 것에 동의했다. 다만 1년에 10일 동안만 권한을 주기로 했다. 카밀로는 이렇게 설명했다.

"이 열흘 동안 학생들은 학교의 모든 부서를 이끕니다. 학생들은 교사들의 봉급을 올리거나 교사를 해고할 수도 있고, 학생들의 결정은 영구적으로 효력을 발휘해요. 대신에 학생들은 자신들의 결정이 타당하다는 것을 증명할 수 있어야만 합니다."

이 프로그램은 아주 성공적이어서 파라과이 전역에서 이 프로그램을 따라하게 되었다. 50개 학교에서 1~2주 동안 학생들이 학교를 관리하게 된 것이다.

"이 프로그램이 학생이란 개념이 무엇인지를 바꾸고 있어요. 학생들은 그저 방관자가 아니라 교육 제도를 함께 만들어가는 사람들이에요."

이 프로그램을 실행한 덕에 학생들은 올바른 리더십을 구축할 수 있었다. 이 리더십은 4년 뒤에 제대로 그 힘을 발휘했다. 1996년 4월, 쿠데타가 일어나 파라과이의 취약한 민주주의가 위험에 빠졌다. 이 상황을 돕고자 나선 것은 마차도의 청소년들과 지휘를 맡은 카밀로였다. 카밀로는 말했다.

"교회도, 정당도, 전통적인 제도도, 이 문제에 어떻게 대응할지 대책이 없었어요. 모두가 안전한 곳으로 숨어들어갈 뿐이었죠. 청소년들만 빼고 모두가 그랬어요. 우리는 개방적이고 민주적인 사회에서 살 권리를 지키기 위해 청소년들을 거리로 불러 모았어요. 일주일 만에 2~ 3만 명의 청소년들이 모여 24시간 내내 시위를 벌이게 되었죠.”

확고한 의지를 보이며 쿠데타를 반대한 끝에, 결국 쿠데타는 실패했고 민주주의는 다시 살아났다. 하지만 카밀로는 할 일이 아직 남아 있다는 것을 알고 있었다. 카밀로는 동료들과 함께 민주주의를 강화하고 청소년의 참여를 늘리며, 교육 프로그램을 개선하는 계획들을 실행했다. 학생회 설립자로 시작해 전 국민의 영웅이 된 카밀로는 오늘도 자신이 해야 할 일을 계속하고 있다.

고등학생의 목소리를 대변하는

한국고등학교학생회연합회

www.highschool.or.kr

청소년들에게는 표현의 자유나 종교의 자유, 혹은 인권을 존중받지 못한다고 느낄 만한 일들이 종종 벌어지곤 한다. 정부나 학교가 학생들이 원하는 것을 충분히 정책에 담지 못해서 생기는 일들이다. '한국고등학교학생회연합회'는 학생들의 문제를 스스로 해결하기 위해 활동한다. 고등학생들의 이익과 인권이 침해받을 경우 학생들의 여론을 조사하고 대변하며, 문제 해결을 위해 노력하는 것이다.
이 단체는 학교의 제반 사항을 의논하고 결정하는 학교운영위원회에 학생들이 참여하지 못하는 것에 대해서도 문제를 제기하고 있다. 학교 운영과 행정의 중요한 일들을 결정하는 데 학생들의 목소리가 반영되지 않는다면 학교가 참된 교육의 장이 될 수 없다고 생각하고 있기 때문이다.
학생회의 일원이라면 활동에 참여해도 좋겠다. 학생회 임원들이 학교의 심부름꾼 역할이 아니라 학생들의 대변자가 되기 위해서는 다른 학교의 학생들과 의견을 교류하는 일이 우선일 테니 말이다.

아메리카
미국

청소년 의석을 만들어낸
열여섯 살의 벤 스마일로위츠

벤 스마일로위츠는 일찌감치 정치에 참여했다. 중학교 때 벤은 고향인 코네티컷 주에서 교육 공약을 걸고 출마한 상원의원과 함께 선거운동을 벌였다. 벤은 사람들이 청소년 문제에 관심을 갖게 만들었으며, 상원의원 역시 재임 기간 동안 벤이 제기한 청소년 문제들을 기꺼이 수용하고 해결하기 위해 애썼다.

그 후 벤은 자신이 대표권과 교육이라는 두 가지 사안을 진심으로 지지하고 있다는 것을 증명했다. 열여섯 살 때 벤은 친구 두 명과 함께 '세계학생운동동맹'을 공동 창립했다. 청소년이 운영하는 이 단체는 10대들의 권리를 보장하고 청소년 대표로서 활동할 기회를 늘리는 일을 한다. 세계학생운동동맹은 1996년에 처음 만들어진 후로 빠르게 성장했다. 미국 전역에 지부가 생겨났고, 몇몇 지부는 통금을 폐지하기 위해 힘썼으며, 10대와 관련된 여러 가지 문제들과 씨름했다.

이 단체의 가장 큰 장점 중 하나는 학생들이 지역 차원에서 지부를 이

끈다는 점이다. 이 학생들은 자신들의 학교에 무엇이 필요한지 가장 잘 알고 있다. 벤이 생각한 이 단체의 모습은 다수의 사람들을 대신해 활동을 벌이는 단체가 결코 아니었다. 사실 벤에게 가장 신나는 일은 사람들이 스스로 행동하도록 용기를 주는 일이다.

벤은 이렇게 말한다.

"저는 제 친구들에게 활발하게 활동하는 것과 변화를 추구하는 것에 대해 이야기하는 게 정말 좋아요. 그리고 우리 사회에서 사람들의 참여가 많아지는 걸 보고 싶어요. 그러기 위해서는 학생들에게 참여할 동기를 주는 방법밖에 없지요. 특히 또래들끼리 서로에게 동기를 부여하면, 그 어떤 멘토링보다 훨씬 더 효과가 크다고 생각합니다."

벤은 자신이 기대하는 것, 특히 가장 관심 있는 것에 관해서는 절대로 한계를 두지 않는다. 이 점을 생각하면 벤이 고안한 법안이 코네티컷 주의 입법부에서 논의되었다는 사실은 그렇게 놀랄 일도 아니다. 그 법안은 코네티컷 주의 교육위원회에 청소년 대표의 의석을 두 자리 추가해달라는 내용이었다. 법은 통과되었고 학생들은 자신들이 받는 교육에 대해 발언권이 생겼다. 학생들의 대표권이 발전하는 데 큰 도약을 이룬 셈이다. 코네티컷 법안이 수용된 후 전 세계 각국의 주 정부가 청소년 대표에게 의석을 마련하는 법안을 도입했다.

벤은 군중을 어떻게 이끌어야 할지, 어떻게 일을 추진해야만 이룰 수 있는지 알고 있다. 만약 벤이 여러분에게도 동기를 주었다면, 여러분도 청소년을 대표해서 교육위원회에 참여하거나 청소년의 입장을 알리는 다양한 활동을 펼치고 있을지도 모를 것이다.

Click!

우리나라 대표가 되어 세계 무대에 서자

유엔 청소년대표단

Youth Delegates to the United Nations
www.un.org/youth

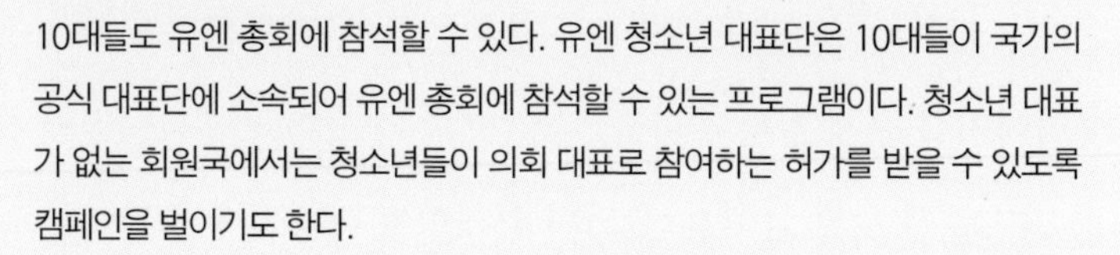

10대들도 유엔 총회에 참석할 수 있다. 유엔 청소년 대표단은 10대들이 국가의 공식 대표단에 소속되어 유엔 총회에 참석할 수 있는 프로그램이다. 청소년 대표가 없는 회원국에서는 청소년들이 의회 대표로 참여하는 허가를 받을 수 있도록 캠페인을 벌이기도 한다.

모의 유엔

Model U.N.
www.un.org/gmun

모의유엔이란 유엔 총회를 가상으로 꾸며 토의하는 활동으로, 세계의 청소년들은 모의유엔에서 자신들의 의견을 발표하고 토론할 수 있다. 한국에는 한국외국어대학교 모의유엔(HIMUN)에서 주최하는 '모의 유엔 총회'가 있다. 실제 유엔의 산하기관인 총회, 경제사회이사회, 유엔환경계획, 안전보장이사회 등을 가상으로 설정해 분과별로 고유한 의제를 가지고 토론한다. 학교 단위로 참여하는 것이 일반적이므로 웹사이트를 방문하여 여러분의 학교가 참여하려면 어떻게 해야 하는지 알아보고, 오늘날 가장 시급한 문제에 대한 정보를 얻자.

아시아
베트남

청소년 라디오 진행자
열네 살의 하티 란 아인

베트남에서는 화요일과 목요일 아침이면 약 3,000만 명의 청소년들이 라디오를 켜고 '베트남의 목소리'를 듣는다. 이 라디오 프로그램은 '인기가요 톱 10' 같은 가벼운 오락 프로가 아니다. 베트남 최고의 라디오 방송국에서 진행하는 강도 높은 뉴스 프로그램이다. 10대들이 방송 대본을 쓰고 연출을 맡는 이 프로그램은 그날그날의 새로운 주제에 관해 신선하면서도 청소년 중심의 관점을 제공한다.

'베트남의 목소리'를 생각해낸 것은 하티 란 아인이라는 소녀였다. 란 아인은 신문이나 TV, 라디오에서 10대들의 의견이 제대로 표현되지 않는 것을 깨닫고 실망했다. 란 아인은 이렇게 말했다.

"어른들은 청소년들의 생각을 실제로 알 수가 없어요."

그래서 1998년에 열네 살이었던 란 아인은 자신의 생각을 세상에 알리기로 마음먹었다. 먼저 지역적인 문제에 관해 이야기를 쓰고 기록을 남기기 시작했다. 몇몇 친구들이 란 아인의 활동에 동참했고, 아이들은 함께 '청소년 기자단'을 만들었다. 머지않아 청소년 기자단 회원들은 신문과 라디오 방송의 일부 코너에 기사를 내게 되었다. 아이들의 보도는 베트남 언론에 나오는 그 어떤 기사와도 달랐다. 아이들은 전국의 청소년들이 경험하고 생각한 바를 집중 조명했던 것이다.

청소년 기자단은 기존과 똑같은 방식으로 뉴스에 접근하지 않았다. 이들은 독자와 청취자들이 새로운 시각에 주의를 기울이도록 자극했다. 청소년 기자단의 기사는 중요한 환경 계획과 교육 계획, 양성평등 계획을 실행하도록 사람들에게 의지를 불어넣었다. 청소년 기자단은 매달 뉴스레터와 학생 잡지를 발행하면서 힘을 키워나갔다.

이들을 주목하는 것은 청소년만이 아니었다. 란 아인은 정부 각료들과 국회의원, 사회사업가를 설득해서 자신이 연출하는 TV와 라디오 프로그램에서 공공 정책에 대해 토의하게 했다. 란 아인에게 감명을 받은 국가 공무원들은 란 아인과 청소년 기자단을 초청해 '아동을 위한 국가행동계획'에 관해 조언을 해주었다. 아동을 위한 국가행동계획은 2010년까지 정부가 시행할 청소년 정책을 간추린 제정법이다.

현재 란 아인과 친구들은 그 어느 때보다도 활동적으로 움직이고 있다. 베트남의 목소리는 여전히 선풍적인 인기를 자랑하는 라디오 프로그램이다. 청소년 기자단은 지금까지 500개가 넘는 라디오 프로그램을 연출했고, 20여 개의 국내 잡지와 신문에 수백 개의 기사를 기고했다. 그리고 많은 국제기관들에게 인정받고 상도 받았다. 이제 란 아인은 베트남을 넘어 먼 나라의 다른 청소년 운동가들에게도 영감을 주는 존재이다.

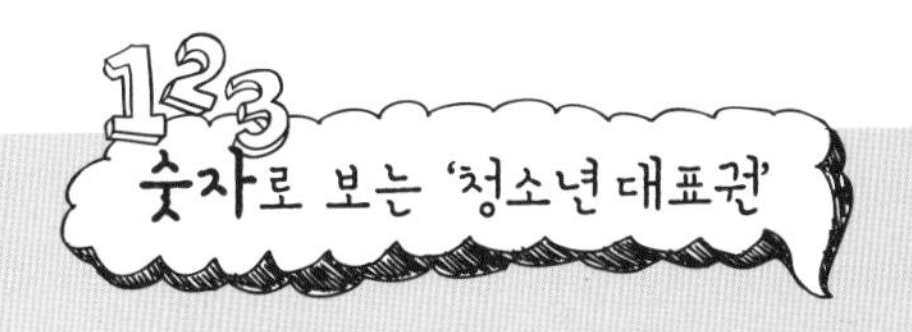

오늘날 10대들은 그 어느 때보다도 더 당당히 일어서서 스스로를 대표하게 해달라고 요구하고 있다. 교육위원회나 학생회 활동부터 정당에 청소년 당원으로 참여하는 일까지, 10대들은 스스로를 대변하는 역할을 수행하고 자신들에게 영향을 미치는 문제를 결정하는 데 참여하고 있다. 전 세계적으로 청소년 운동이 일어나고 있다는 것 자체가 청소년의 영향력이 늘어났다는 사실을 보여주는 예이다.

- 투표권을 얻는 나이는 현재 대부분의 나라에서 만 **18**세이다. 독일, 오스트리아, 브라질 등에서는 특정 도시나 지역에 따라 만 16세나 17세부터 투표권을 주기도 한다. 한국은 만 **19**세부터 투표권을 부여한다.
- 전 세계의 수백 개 단체들이 **10**대들이 설립하여 운영하고 있다.
- 현재 전 세계적으로 역사상 그 어느 때보다도 현재 더 많은 **10**대들이 정치가와 사업가로 활동하고 있다.
- 미국에서는 **15~20**%의 교육위원회가 학생 대표를 참여시키고 있다. 하지만 이들 청소년 대표의 대부분은 고문의 역할만 수행한다.

지역사회에서 무엇을 할 수 있을까?

1 학교 교육위원회나 학생회에 참여하자

이제는 많은 학교들이 고등학생 대표들에게 발언권을 주고 있다. 이들은 학교 교육위원회에서 고문 역할을 맡기도 한다. 학생회에 참여하고 있는 청소년들과 마찬가지로 교육위원회의 청소년 대표는 또래들이 선출하는 경우가 많다. 학생 대표는 학교 행정부가 정책을 결정하는 과정에서 중요한 역할을 수행할 수 있다. 이러한 기회를 이용해 여러분과 또래들의 관심사가 학교에서 꼭 실현되게 해보자.

2 청소년 사법 정책을 옹호하자

여러분은 아마 전 세계 여러 나라에서 미성년자들에게 중범죄의 혐의가 있을 때 성인으로서 재판받고 있다는 사실을 알고 있을 것이다. 성인 법정에서 재판받는 청소년들이 늘어남에 따라, 몇몇 나라에서는 청소년이 성인과 똑같은 방식으로 재판을 받는 추세도 점점 늘어나고 있다. 따라서 청소년들의 사법권을 보호하기 위한 정책이 필요하다. 청소년 사법 정책은 미성년자의 불법행위에 대처하는 사법 정책으로, 미국에서는 성인에게 주어지는 재판과 변호인에 대한 법적 권리를 미성년자에게도 똑같이 주고, 성인 범죄자 수용 시설과 분리된 시설에 감금시키며, 더 짧은 형기를 선고하고, 징벌보다는 치료적인 방침을 적용하는 내용의 사법 정책을 시행하고 있다. 여러분은 청소년 사법 정책에 대해 확고한 의지가 있는가? 그렇다면 다음의 몇 가지 방법으로 청소년 사법 정책을 옹호하면 좋을 것이다.

• 10대들이 따라야 할 규칙이나 처벌을 결정하는 학교와 지역단체에 참여하자. 이 단체들은 종종 해당 정책을 실제로 따라야 하는 사람들을 참가시키지 않은 채로 정책을 만든다. 여러분은 정학이나 통금, 특별활동 참여 규칙과 같은 문제들을 다룰 수 있다. 또한 단체에서 여는 회의에 참석하여 정보를 제공하고, 청소년 언론 매체나 웹사이트에 문제를 싣는 등 여러 가지 방식으로 사람들의 의견에 영향을 줄 수 있다.

• 주변 지역의 가정법원 소년부에서 활동할 기회를 찾아보자. 미국에는 청소년 범죄를 다루는 소년법원이 있는데, 이 법원에서는 미성년

자들이 저지른 범죄에 대해서 또래 청소년들이 재판하고 선고할 수 있는 기회를 준다. 많은 청소년들이 경범죄를 저지르는 초범들이다. 소년법원에서 범죄자들은 벌을 받지만(주로 지역사회 봉사와 상담에 해당하는 처벌), 본인의 잘못된 행실을 바로잡으면 범죄 기록을 없앨 수 있는 기회도 얻는다. 또래들은 배심원, 변호사, 집행관, 서기뿐만 아니라 판사로도 활동한다.

• 공정한 판결을 지지하자. 일부 판례에서는 이전보다 더 어린 청소년들이 점점 더 오랫동안 성인용 감옥에서 복역하고 있다. 성인들을 수감하는 시설에 청소년이 수감될 경우 학대받거나 폭행당하는 일이 더 많이 일어나는데도 이러한 판결이 끊이지 않고 있다. 이와 같은 상황이 마음에 걸린다면, 이런 관행에 반대하는 공공 캠페인을 벌여보면 어떨까.

3 지방자치단체에 익숙해지자

한 나라의 정치는 TV나 신문, 인터넷을 통해 어느 정도 상세하게 보도된다. 하지만 그에 비해 각 지역의 정치는 덜 보도되는 경향이 있다. 정치체계가 어떻게 작동하는지 공부하고자 한다면, 우선 근처에 있는 관청을 견학해보자. 협의회나 공개 연설에 가보아도 좋다. 정책이 어떻게 결정되며 정책을 논의할 때 시민들의 역할이 무엇인지 질문해보자. 지역 통치와 관련된 중요한 문서들을 읽고 여러분의 지식을 늘리자. 정치 과정이 어떻게 돌아가는지 배경지식이 쌓이면, 다음과 같은 몇 가지 방법으로 참여해보자.

• 법과 조례에 익숙해지자. 여러분의 지역사회에 관련된 제안들이 끊임없이 제출되고 있다. 토지 이용 계획, 대중교통 건설 계획 등 온갖 문제들이 언제나 논의되고 있는 것이다. 제정법에 대해 직접 조사해보고 그 법에 대해 어떤 입장을 취할지 정하자. 그리고 대중에게 탄원서를 돌리거나 설문조사와 인터뷰를 해서 여러분의 입장을 지지하자.

• 관공서에서 자원봉사를 하자. 지방자치단체는 인력이 부족할 때가 많다. 따라서 지하철공사나 구립 도서관 등에서 인턴이나 보조원 자리를 구할 수 있다. 지방자치단체에 연락해서 관련 프로그램에 대해 알아보자.

• 지역사회의 문제에 대해 알리자. 지방자치단체가 무슨 일을 하고 있는지 배우는 것은 아주 멋진 일이지만, 여러분이 알고 있는 것을 나누는 것은 그보다 더 멋진 일이다. 웹사이트를 마련하여 시의회 회의록과 제정법을 업데이트하고 주변 지역의 시급한 중대사에 대해 알리자.

• 위원회에서 안건에 대해 이야기하자. 법 제정에 대한 투표를 진행

하기에 앞서 위원회에서 먼저 법에 대해서 토의하는 경우가 많다. 이 과정은 법 제정이 주민들의 삶에 끼치는 영향에 대해서 지역 주민들이 직접 이야기하는 자리가 된다. 지방 관료에게 연락해서 회의 때 이야기할 안건을 열람하고 청원하는 방법에 대해 알아보자.

4 사람들이 투표에 참여하도록 돕자

청소년은 나이나 사는 지역에 따라 지방선거나 총선에서 투표를 할 수도 있고 하지 못할 수도 있다. 여러분이 정식으로 투표할 수 있게 될 때까지 조금 시간이 걸리더라도 투표에 참여하는 방법이 있다. 어떻게 청소년이 선거에 참여할 수 있을까?

• 가족이나 이웃들에게 투표를 장려하자. 많은 사람들이 투표에 무관심하다. 자기들이 투표를 해봤자 달라질 게 없다고 생각한다. 사람들을 정치 과정에 다시 참여시키는 캠페인에 동참하거나 직접 캠페인을 시작하자. 기억하라. 투표하지 않으면 내 목소리는 없다.

• 투표 과정을 돕자. 많은 나라에서 투표율이 저조한 이유 가운데 하나는, 혼자서는 투표 장소에 갈 수 없는 사람들도 있기 때문이다. 특히 장애가 있는 사람이나 노인이 그러하다. 따라서 여러분이 동행자로서

자원봉사를 하거나 부재자 투표에 참여하면 된다. 그 밖에 투표율이 저조한 사람들로는 언어가 다른 외국인들이 있다. 이들은 입후보자들에 대해 자신들이 사용하는 언어로 된 정보를 얻기가 어려울 수 있다. 여러분이 번역가로서 봉사하거나 외국어로 된 선거 유세 정보를 나눠주면서 선거 참여를 유도하면 좋겠다.

• 선거에서 청소년들의 참여를 늘리는 일을 하자. 지금은 투표를 하지 못하더라도, 선거 활동에 참여해본 청소년들은 나중에 투표할 자격이 생겼을 때 헌신적인 유권자가 될 가능성이 높다. 여러분은 기존의 선거에서 청소년 투표를 장려하거나, 온라인이나 학교에서 모의 선거를 실행할 수도 있다. 여러분이 마련한 모의 청소년 투표에 참여한 사람들이 투표 결과도 볼 수 있게 하자.

글로벌하게 무엇을 할 수 있을까?

1 청소년 대표가 되어 목소리를 높이자

온라인 공개 토론회에 참여하여 여러분이 열의를 갖고 있는 문제를 논의하자. 뉴스 사이트와 블로그는 한 주제에 대해 다른 사람들이 어떤 이야기를 하고 있는지 읽어볼 수 있는 좋은 장소들이다. 여러분이 이런 토의에 참여해서 반론을 펼치거나 대안이 되는 해결책을 제시할 수 있다. 인터넷 역시 여러분의 의견에 대해 다수의 지지를 얻어낼 수 있는 훌륭한 장소다. 동영상 공유 사이트에 여러분의 의견을 간추린 메시지를 올리자. 학교 사람들이나 친구, 가족을 비롯한 다른 사람들에게 여러분의 온라인 활동을 알리자. 그리고 그 사람들이 여러분의 가상 커뮤니티에 동참하도록 설득해보자.

2 '세계 청소년의 날' 기념행사를 계획하자

'세계 청소년의 날'은 8월 12일이다. 이 날에는 전 세계 청소년들이 목소리를 낼 수 있는 행사가 열린다. 기념일은 1999년에 유엔이 제정한 것으로, 전 세계 청소년들에게 영향을 주는 문제들에 대해서 세계 지도자들의 주의를 환기시키려는 의도도 있다. 이 날은 단지 '청소년을 기억하는 날'만이 아니라 청소년들과 함께 더 나은 세상을 만들기 위한 방안에 대해서 기억하는 날일 것이다.

3 전 세계의 청소년 문제를 지지하자

지금까지 청소년의 대표권을 늘리는 일에 많은 진전이 있었다. 특히 국제적으로 일하는 단체들이 진전을 보였다. 이러한 국제단체 가운데 일부는 세계 곳곳을 다니며 청소년 문제를 논의하는 회의에 참석할 수 있는 기회를 제공한다. 여러분이 청소년 대표권 신장에 대해 열정이 있다면, 국제적인 토의에 참여하는 것도 생각해보자.

"우리는 다른 점보다 비슷한 점이 훨씬 더 많습니다.
주먹을 꽉 쥐고 악수를 할 수 없는 것처럼,
서로의 눈을 바라보지 않고는 평화를 이룰 수 없습니다."

—열여덟 살의 미셸 디본

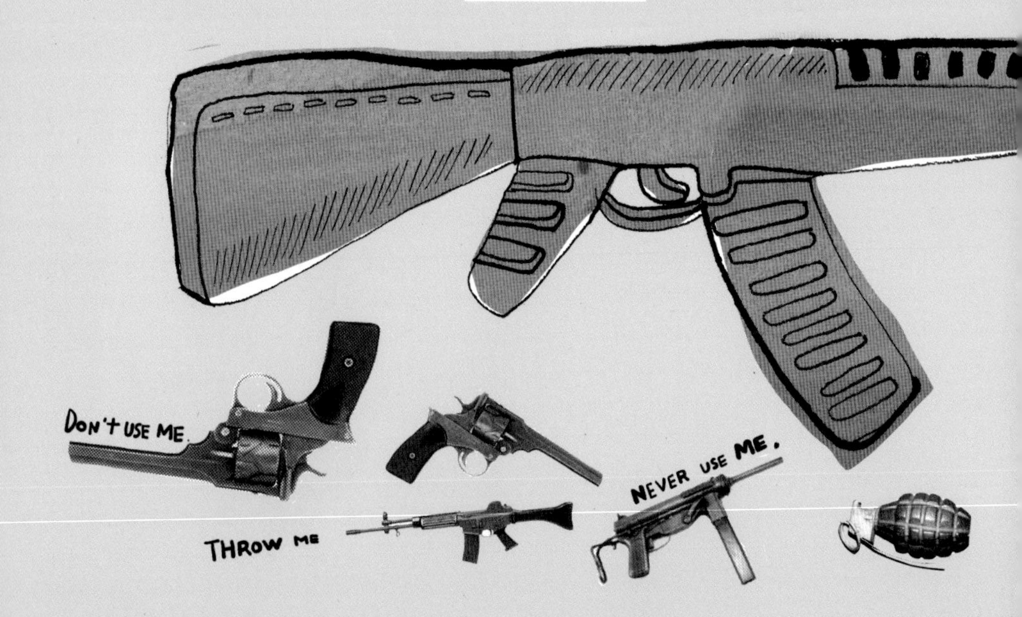

평화로운 세상

전 세계적으로 무력 분쟁이 끊이지 않고 있다.
종교나 문화가 다르다는 이유로 분쟁이 일어나기도 하고,
석유 자원과 같은 국가적인 이해관계 때문에 분쟁이 일어나기도 한다.
무력 분쟁을 가라앉히고 세계 평화를 이룩하기 위해 이제는 여러분 스스로가
평화를 추구하는 운동을 시작해볼 때이다.

노벨평화상 후보에 오른 열네 살의 후안 우리베

만일 누군가가 여러분의 아버지를 총으로 쏘아 죽인다면 여러분은 어떻게 하겠는가? 후안 우리베는 열네 살의 나이에 이런 상황과 마주해야 했다. 때는 1996년, 당시 후안의 조국 콜롬비아는 피비린내 나는 내전을 치르고 있었다. 전쟁이 끝나기 전에는 계속해서 사람들이 죽을 터였다. 더 많은 아버지들과 더 많은 어머니들, 더 많은 형제자매, 더 많은 친구들이 죽을 것이 불 보듯 뻔했다. 후안은 조국을 파괴하는 전쟁이 혐오스러웠다. 내전이 시작된 지도 수십 년이 지났다. 이 전쟁을 멈추기 위해 후안이 할 수 있는 일이 정말로 있을까?

후안은 콜롬비아 10대 청소년들의 평화 단체인 '아동평화운동'에 동참했다. 이 단체는 콜롬비아의 남자와 여자, 어린이들을 죽이고 있는 전쟁에 반대하는 캠페인을 벌였다. 후안은 아버지의 명예를 지키고 조국의 새로운 미래를 열기 위해 평화 운동에 전념했다. 전쟁이 계속되길 바라는 사람들이 후안을 협박해왔지만, 그럼에도 불구하고 후안은 캠페인에 참여하는 회원들과 함께 '평화와 인권을 위한 아동 명령'이라는 선언을 지지했다. 콜롬비아 전역에서 270만 명의 청소년들이 투표로 이 선언을 승인했다. 아이들은 이 선언을 통해 폭력을 멈추고 '생존, 평화, 가족, 그리고 학대로부터의 자유'를 지킬 권리를 보장하라고 요구했다. 이러한 노력을 인정받아 후안과 '아동 평화 운동'의 회원 4명은 노벨평화상 후보에 오르는 영예를 안았다.

콜롬비아는 오늘날까지도 계속해서 불안한 상황을 겪고 있다. 하지만 후안과 아동평화운동은 콜롬비아 역사에 중요한 변화를 일으켰다. 수십 년 만에 처음으로 사람들은 평화와 개혁과 자유에 대한 희망을 가지게 되었다. 이제 새로운 세대의 지도자들이 아동평화운동을 이끌어 나가고 있다. 후안은 이렇게 말한다.

"평화를 사랑하는 어린이 한 명을 얻는다면, 폭력을 쓰지 않는 어른 한 명을 얻게 될 거예요."

Click!

전쟁과 인종 차별 금지를 위한
앤서

Act Now to Stop War and End Racism(ANSWER)
www.answercoalition.org/national

'앤서'는 전쟁과 인종 차별을 종식시키기 위해 국제적으로 활동하는 반전 운동 단체다. 이 단체는 2001년 9 · 11 테러 이후 아프가니스탄과 이라크를 공격한 미국 정부의 방침에 반대하면서 시작되었다. 그래서 제국주의에 반대하는 운동을 특징으로 한다.

아프리카 난민촌을 도운
열아홉 살의
애널리스 블럼과 캐서린 켄드릭

애널리스 블럼과 캐서린 켄드릭은 캘리포니아에서 살고 있는 고등학생이었다. 두 사람은 역사책에서 집단 학살에 대해 읽은 적은 있지만, 그토록 잔인한 행위가 현대에도 일어나리라고는 결코 상상하지 못했다. 그러나 2003년 아프리카 수단의 다르푸르 지역에서 일어난 학살과 학살 과정을 기록한 사진이 헤드라인 뉴스에 대서특필로 보도되었다. 수백 수천 명의 수단 시민들이 죽음을 당하거나 강제로 쫓겨났다는 내용이었다. 캘리포니아의 두 소녀들은 참혹한 역사가 반복되고 있는 것을 보고 큰 충격을 받았다. 그리고 자신들이 직접 나서서 조치를 취해야 한다는 것을 깨달았다.

애널리스와 캐서린은 지역사회에서 모금과 교육 활동을 시작했다. 학교 조회 시간에 연설을 하거나 연사를 초청했고, 수단에서 일어난 폭력에 관한 다큐멘터리를 상영했다. 또한 두 소녀는 학우들과 선생님, 지역사회의 구성원들에게 '녹색 리본'을 팔아 '닭'을 사는 데 필요한 돈을 모았다. 수단 난민들에게 오랫동안 영양분을 공급할 수 있는 식량을 만들기 위해서였다. 두 사람은 작은 노력들이 얼마나 큰 변화를 일으킬 수 있는지를 알리고 또 알렸다. 이렇게 노력한 결과 애널리스와 캐서린은 1,200여 마리의 닭을 살 수 있을 정도의 많은 돈을 모았다.

불행하게도 다르푸르 지역의 분쟁은 오늘날까지도 계속되고 있다. 그나마 다행인 것은, 많은 구호단체가 애널리스와 캐서린 같은 사람들과 함께 난민 가족들이 정상적인 삶을 되찾는 데 힘을 보태고 있다는 것이다.

세계 평화를 위한 청소년 대안 운동

피스잼

Peace Jam
www.peacejam.org
한국 피스잼 www.yes21.org

청소년 평화 단체인 피스잼은 1996년 콜로라도 주에서 시작되었다. 이 운동은 청소년 스스로가 세계 문제에 주목하고, 물 부족, 인종 차별, 빈곤, 질병, 무기 사업 등에 대한 해결책을 찾아가는 과정으로 이루어졌다. 그중에서도 세계 평화 문제에 특별한 관심을 보여서, 노벨 평화상 수상자들이 직접 청소년들의 멘토가 되어 자신들이 추구해온 평화의 가치를 전달하는 활동을 벌이고 있다.
한국에서는 1980년 광주민주화운동을 기념하기 위한 단체인 '5·18 기념재단'이 매년 '5·18 피스잼 청소년 평화대사'를 모집해 노벨평화상 수상자들의 삶과 업적을 배우는 피스잼 컨퍼런스에 참여할 수 있도록 지원해주고 있다. 한국뿐만 아니라 해외에서 개최되는 행사에도 참석할 수 있으므로 영어 구사가 가능한 청소년이라면 평화대사가 되어볼 만하다.

종교 화해를 보여준
고등학생 3인조 소녀, 미셸과 라나와 타라

미셸 디본, 라나 아유브, 타라 오게익은 9 · 11 테러 이후 벌어진 이스라엘과 팔레스타인의 분쟁을 주제로 한 학급 토의에서 서로에게 동의할 수 없었다. 당시 미셸은 열여덟 살이었는데, 그녀는 서아시아에 위치한 이스라엘 출신의 유대인이다. 미셸과 동갑내기인 라나도 서아시아 요르단 출신의 기독교인이다. 그리고 타라는 열일곱 살로 이란과 사우디아라비아 출신의 이슬람교도다. 미셸과 라나, 타라는 모두 각 지역에서 캐나다로 파견된 외교관들의 딸이었다.

오타와에서 같은 학교에 다니고 있었던 세 소녀들은 수업이 끝난 다음에도 계속해서 이 문제에 대해 논의했다. 논의가 이어지면서 대화는 곧 미셸과 타라의 말다툼으로 확대되었다. 두 소녀는 그 일이 있고 나서 서로를 무시했다. 서로를 인정하지 않고, 심지어는 모르는 척하며 지내는 시간이 길어졌다. 미셸과 라나의 관계도 마찬가지였다. 서로를 외면하고 지낸 것이다. 세 소녀의 갈등 때문에 교실 주변에 어색한 기운이 감

돌기까지 했다.

시간이 지나고 마음이 좀 가라앉은 후에, 미셸은 전에 벌였던 논쟁에 대해 타라와 다시 이야기를 나누었다. 두 소녀는 각자의 삶에 대한 관점에 대해 이야기하기 시작했다. 이야기를 나누면서 둘은 모두 서아시아 지역에서 똑같은 상황을 경험했고, 문화에 대해서도 일부 비슷한 시각을 가졌다는 것을 알아차렸다. 그러다 어느 시점부터 둘의 의견 차이는 다른 것에 가려지게 되었다. 두 사람이 공유하는 신념과 경험을 보게 된 것이다.

그때부터 두 소녀는 친구가 되었다. 그리고 각자가 속한 문화 사이에 존재하는 증오를 없애기 위해 자신들이 할 수 있는 일을 하기로 합의했다. 다행히 라나도 돕기로 합의하면서, 소녀들은 세 개의 문화와 세 개의 지역, 그것을 배경으로 한 세 명의 친구를 대표하게 되었다.

세 소녀는 서아시아에서 일어나는 분쟁에 대해 반 친구들에게 발표했다. 소녀들의 발표는 분쟁을 바라보는 여러 가지 관점들을 간략하게 보여주는 동시에, 분쟁과 관련된 모든 사람들이 고통받고 있다는 사실을 모두에게 납득시켰다. 아무도 평화롭지 않다는 것을, 그리고 아무도 안전하지 않다는 것을 알렸다.

서아시아 출신의 세 소녀가 같은 캐나다 학교에서 서로를 발견하고, 평화에 관한 합의를 주선했다는 것은 좀처럼 일어날 것 같지 않은 일이다. 역경에서 피어난, 이 믿기 힘든 우정을 바탕으로, 소녀들은 장차 외교관이 되어 각자의 조국이 서로 대화를 하도록 이끌 수 있기를 바라고 있다.

미셸, 라나, 타라는 조국의 국민들도 그들처럼 화해하고 협력할 수 있기를 소망한다. 라나는 이렇게 말한다.

"시간이 흐르면서 우리는 대화가 우리들 사이에 흐르는 긴장을 해결할 열쇠라는 것을 깨달았습니다."

평화의 가치를 알리는 청소년 매체

올리브 가지

Olive Branch

www.seedsofpeace.org/olivebranch

서아시아 지역은 지금도 분쟁이 계속되고 있다. 그러나 이 지역에서 보다 평화로운 미래를 추구하는 출판물이 적어도 하나는 있다. 바로 〈올리브 가지〉라는 잡지다. 이 잡지는 아프가니스탄, 이스라엘, 팔레스타인, 키프로스, 이집트, 인도, 파키스탄, 요르단, 터키와 발칸 반도 지역의 청소년들이 쓰고 만든 글과 예술 작품을 모으고 있다. 이들 나라는 폭력과 불신 때문에 오랫동안 긴장이 고조되고 있다. 하지만 〈올리브 가지〉에 참여한 사람들은 평화로운 미래를 염원하고 있다.
이 잡지에는 분단된 키프로스에서 살고 있는 그리스계 10대들과 터키계 10대들이 평화와 화해를 바라는 공통의 희망을 표현한 작품이 실리기도 했다. 또 아프가니스탄의 한 소녀 사진작가는 고국의 사람들과 풍경을 담은 사진을 공유했다. 이 사진들에는 고국에 대한 사랑과 함께 정치적인 불안에 대해 슬퍼하는 마음이 담겨 있다. 인도의 뭄바이에 사는 한 소녀는 전쟁의 무의미함에 관한 시를 지어 이 잡지에 실었다. 웹사이트에 가면 발행된 잡지를 무료로 볼 수 있으니 방문해보자.

테러의 악순환을 끊은 '우리 마을에서는 안 돼!' 청소년 운동

2001년 9월 11일 미국의 중심부가 테러를 당하고 난 뒤부터 미국에서 살고 있는 사람들의 삶에서 많은 것이 달라졌다. 서아시아 지역에서 미국으로 이민을 온 사람들도 마찬가지였다. 실제로 많은 아랍계 미국인들이 폭력과 협박의 표적이 되었다. 일부는 두려움에 못이겨 이주를 하기도 했다.

일리노이 주 시카고에 살고 있던 10대들은 자신들의 공동체에서 서아시아 지역 출신 학생들이 배척당하는 것을 목격했다. 아이들은 테러 공격에 대해 분노하는 사람들이 오히려 더 많은 테러를 일으키고 있는 것을 보고 격분했다. 또 다른 테러가 바로 주민들을 대상으로 벌어지고 있었던 것이다. 10대 청소년들은 이제 무언가를 하지 않으면 안 된다고 생각하기 시작했다. 그리고 더 이상 침묵할 수 없는 일이 생기고야 말았다. 고등학교 주변에서 아랍계를 응징하는 시위가 열린다는 이야기를 들은 것이다.

사태의 심각함을 느낀 10대 학생들은 분개와 연민을 담아 5개의 공익 광고를 만들었다. 이 광고들을 통해 지역사회에 평화와 화합의 메시지를 보내고자 했다. 짧은 광고 영상 안에는 동요를 일으킬 만한 강도 높은 장면들도 담겨 있었다. 학생들이 아랍계 미국인 아이들을 조롱하는 모습이라던가, 세계 곳곳에서 전쟁이 남긴 끔찍한 결과를 보여주는 장면들이 들어 있었다.

미국 공공 방송망(PBS)은 이 효과적이고도 신랄한 공익광고들을 폭력에 반대하는 웹사이트인 '우리 마을에서는 안 돼'에 올렸다. 그리하여 세계인들의 화합을 바라는 10대 청소년들의 메시지가 전 세계로 전해지게 되었다. 모두 다는 아닐지라도 전 세계 수많은 사람들이 광고를 보았고, 스스로를 되돌아보면서 폭력적인 태도를 바꾸는 일에 동참하기도 했다. 10대 청소년들이 전 세계인들을 일깨운 것이다.

폭력에 반대하는 공익 운동

우리 마을에서는 안 돼

Not In Our Town
www.niot.org

'우리 마을에서는 안 돼' 캠페인은 증오심에서 비롯한 범죄에 반대하는 활동을 장려한다. 웹사이트에 캠페인 이름과 같은 제목의 다큐멘터리를 제공하고 있으며, 여러분의 지역에서 폭력 반대 운동에 참여하는 방법에 관해 여러 가지 아이디어를 제공한다. 또한 '우리 마을에서는 안 돼' 행사와 활동을 성공시킨 실제 사례도 특집으로 다루고 있다. 이 중에는 앞서 이야기한 시카고 아이들의 공익광고 이야기도 실려 있다.

전쟁은 예전에는 주로 전쟁터에서 일어나곤 했지만, 오늘날에는 사람들이 살고 있는 곳, 거리나 집에서 발생하는 경우가 많다. 해마다 수백 수천 명의 사람들이 전쟁으로 죽는다. 전쟁으로 법의 지배가 약해지면 사람들이 고문, 인신매매, 성적 학대와 같은 끔직한 범죄를 저지르는 일도 많아진다. 무력 분쟁이 일어나면 주민 전체가 쫓겨나게 될 수도 있다. 폭력 사태가 가라앉은 후에도 전쟁은 사회적, 정치적, 경제적으로 오랫동안 깊은 영향을 미친다.

내전, 가난한 사람만을 대상으로 한 폭력

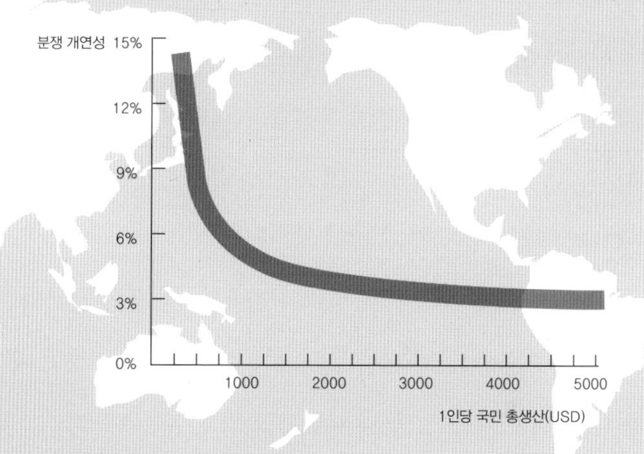

- **30**여 개국에서 무력 분쟁은 날마다 겪는 현실이다.
- 분쟁과 탄압 때문에 전 세계적으로 **3300만** 명의 사람들이 고향에서 쫓겨난다.
- 지난 10년간 **200만** 명 이상의 어린이들이 무력 분쟁 때문에 죽었다.
  또한 **600만** 명의 어린이들은 영구적으로 장애인이 되거나 심각한 부상을 입었다.
- 해마다 지뢰 폭발로 **2만** 명이 죽는다.
- 무력 분쟁에 동원되는 18세 이하 아동 병사는 **30만** 명으로 추정된다.

출처 Macarten Humphreys, 2003 - Economics and Violent Conflict, UNDP - Human Development Report 2005

지역사회에서 무엇을 할 수 있을까?

1 학교나 지역 공동체에서 평화와 관용을 장려하자

사람들은 평화라는 단어를 들으면 전쟁이나 폭탄이나 총 같은 것을 연상하곤 한다. 하지만 무력 분쟁을 반대하는 것만이 평화와 우정을 장려하는 것은 아니다. 다음의 몇 가지 방법을 이용하여 더 멋진 화합을 이루어내는 데 보탬이 될 수 있다.

• '친구 섞기' 행사를 열자. 대부분의 10대들은 날마다 거의 똑같은 사람들과 어울린다. 하지만 '친구 섞기' 행사에 참여하면 여러분이 새로운 사람들을 만나고 그들과 서로 친구가 될 수 있다. 여러분이 현재 친구들의 울타리를 벗어나 모험을 해본다면, 여러분과는 다른 흥미로운 경험을 해본 사람들을 만날 수 있다. 다른 사람들의 삶에 대해 알아간다면 더욱 친밀하고 다정하며 개방적인 공동체를 이루는 데 보탬이 될 것이다.

• 다문화 기념 행사를 계획하자. 사람들에게 자신의 문화적 · 민족적 · 종교적 배경에 관한 정보를 공유해달라고 요청하자. 몇 가지만 예로 들자면, 고유의 전통 음식이나 놀이, 신앙, 의복, 언어에 대해 설명해달라고 하면 되겠다. 영화를 보여주거나 음악가를 초청하는 전시회를 열어도 좋다. 또 공동 벽화를 제작해서 기념하는 방안도 검토해보자. 공동 벽화는 여러분의 공동체나 학교에서 관용에 대한 약속을 상징하는 주요 지형지물로 오래도록 역할을 할 수 있다.

• 타인을 이해하려는 태도를 장려하고 학생들의 안전을 강화화자. 모든 학생들은 인종과 종교, 민족, 문화적 신념, 사회적 정체성, 성적 성향과 관계없이 자신의 존재에 대해 인정을 받아야 한다. 이는 모두가 누려야 할 당연한 권리다. 등교를 거부한 많은 10대들이 학교에 가는 것을 두려워하는 이유 중 하나는 남과 약간 다르다는 이유로 괴롭힘을 당하거나 신체적인 학대를 받기 때문이다. 나와는 다른 사람에 대한 두려움이나 증오를 없애고 학생 모두에게 안전한 환경을 만들어야 한다.

• 공동체 안에서 목격한 불의에 대항하는 뜻을 분명하게 밝히자. 모든 사람들에게 동등한 권리를 보장하는 활동을 지지하자. 사회적으로 무시당하는 사람들도 다른 사람과 똑같은 권리를 누려야 한다. 신문이나 텔레비전 방송국, 웹사이트 담당자에게 여러분의 입장을 간추린 편

지나 이메일을 보낼 수 있다. 사람들에게 소책자를 나눠주거나 탄원서를 돌려도 좋다. 지역사회 지도자들을 만나서 평등한 대우와 기회를 보장하기 위해 그들의 역할에 대해 토론을 벌일 수도 있다.

2 세계적인 분쟁에 대한 여러분의 반대 의견을 알리자

목소리를 내는 일을 하찮게 여기지 말자. 지역 차원의 활동을 통해서도 전 세계의 평화를 지지할 수 있다. 어떻게 가능할까?

- 직접 비폭력 메시지를 보내고 평화를 지지하자. 포스터나 스티커, 또는 티셔츠를 이용하여 여러분의 입장을 알릴 수 있다. '평화를 위한 포스터'(www.anotherposter forpeace.org)에서 활동을 시작하는 데 쓸 몇 가지 샘플 디자인을 찾아보자. 또는 자신만의 메시지를 고안해보자.
- '세계 평화의 날'을 기념하자. 유엔 총회는 매년 9월 21일을 '세계 평화의 날'로 선언했다. 이 날에는 세계 곳곳에서 다양한 방식의 기념행사가 열린다. '세계 평화의 날 홈페이지'(www.internationaldayofpeace.org)를 방문하여 여러분의 지역사회에서 이 날을 기념할 수 있는 방법을 알아보자.
- 평화를 지지하는 공개 시위에 참여하자. 공개 집회에 대한 정보는

주로 시민 회관이나 대안 신문, 잡지 등에 게시된다.

3 전쟁을 경험한 사람들과 시간을 보내자

전쟁을 이해하는 좋은 방법 한 가지는 전쟁을 경험한 사람들과 이야기해 보는 것이다. 친척이나 이웃 중에 참전 용사가 있다면 대화를 해보자. 거의 모든 가족과 공동체에는 지역 분쟁을 몸소 겪은 사람들이 있다. 그들의 이야기를 기록하는 것도 염두에 두자. 여러분이 그 사람들을 통해 배운 것을 공유함으로써 적극적으로 평화를 장려하자.

글로벌하게 무엇을 할 수 있을까?

1 평화를 지지하는 글을 쓰자

무력 분쟁에 대한 여러분의 입장을 알리는 수필이나 사설, 편지를 써서 신문이나 잡지 기고란에 보내자. 블로그나 온라인 게시판도 여러분의 의견을 드러낼 수 있는 훌륭한 장소이다. 글을 기고하기에 적당한 신문이나 잡지, 또는 웹사이트를 찾기가 어렵다면 어떻게 할까? 그렇다면 여러분이 직접 발행하는 방법이 있다. 세계 평화를 지지하는 자신만의 출판물을 만들어보면 어떨지 생각해보자.

2 세계 평화 운동 단체를 위해 모금을 하자

해외로 떠나지 않고도 세계 곳곳에 있는 다른 나라에 변화를 일으킬 수 있다. 수많은 단체들이 전 세계 도처에서 평화를 지키기 위해 힘쓰고 있다. 만약 여러분이 해외로 떠날 수는 없지만 세계적으로 영향력을 발휘하는 활동을 하고 싶다면 평화를 위한 모금을 하자.

③ 문화 교류에 참여하자

다른 나라를 방문하면 이해의 폭을 넓히는 동시에 지역 분쟁을 바라보는 새로운 관점을 얻는 데 유익하다. 여러분이 여행이나 새로운 문화를 경험하는 일, 문화적 국가적 경계를 넘어 우정을 쌓는 일에 관심이 있다면, 문화 교류에 지원하는 것에 대해 잘 생각해보자.

부록

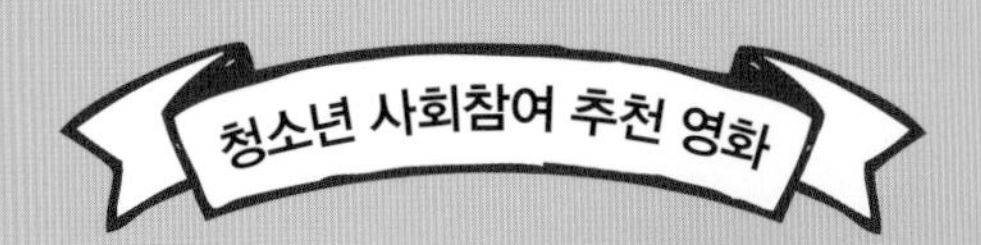

인권

〈포레스트 검프〉

포레스트 검프는 아이큐 75에다가 다리마저 불편하다. 그러나 아들의 교육에 열성적인 그의 어머니는 다른 아이들과 똑같은 교육의 기회를 주기 위해 무엇이든 희생한다. 어느 날 악동들의 장난을 피해 도망치던 포레스트는 바람처럼 달릴 수 있는 소질을 보이면서 미식축구 선수로 고등학교까지 들어가고, 급기야 대학에도 입학할 수 있게 된다. 미국의 현대사를 관통하는 포레스트의 이야기는 순수한 눈으로 세상을 보게 하고 사랑의 의미를 다시 찾게 한다.

〈글러브〉

청각장애인을 위한 특수학교인 충주성심학교에는 야구부가 있다. 10명의 야구부 아이들은 듣지 못해서 공 떨어지는 위치도 못 찾고, 말 못해서 팀플레이도 어렵다. 자기가 친 홈런 소리조차 듣지 못한다. 하지만 글러브만 끼면 야구공을 치고 그라운드를 달리며 행복해한다. 충주성심학교 야구부의 전국대회 출전 드라마라는 실화를 바탕으로 한 이 영화는 차별에 맞서 당당하게 일어서는 청각장애인 청소년들의 꿈과 열정을 그린다.

〈말아톤〉

자폐증을 앓고 있는 스무 살 초원이의 지능은 다섯 살 수준이다. 모르는 사람 앞에서 방귀를 뀌고, 음악만 나오면 아무데서나 막춤을 선보이기 일쑤라 초원이가 있는 곳은 시끄러워지기 마련이다. 그러나 엄마 경숙은 달리기만큼은 초원이가 정상인보다 월등한 능력을 가지고 있음을 발견하고, 초원이를 훈련시킨다. 마라톤 풀코스 3시간 완주에 도전하는 초원이의 시도는 성공할 수 있을까?

〈취한 말들을 위한 시간〉

이란과 이라크의 오랜 전쟁으로 황폐해진 국경 마을에 사는 열두 살 소년 아윱은 아픈 동생의 약값을 위해 학교를 그만두고 돈벌이에 나선다. 수술을 서두르지 않으면 동생의 목숨이 위험해지자, 아윱은 수술비 마련을 위해 밀수 그룹의 심부름꾼이 된다. 사방에는 지뢰가 깔려 있고, 짐을 나르는 말들에게 술을 먹여야 할 정도로 혹독한 추위 속에서도 아윱은 국경 수비대의 눈을 피해 밀수를 시도한다.

〈무산일기〉

주민등록번호가 125로 시작하는 탈북자 전승철은 전단지를 돌리며 생계를 이어간다. 승철과 같이 사는 탈북자 경철은 탈북자들의 돈을 모아 북한의 가족에게 몰래 보내주는 브로커 일을 하다가 삼촌에게 사기를 당한다. 희망을 찾아 이념과 체제의 벽을 넘어 남한행을 선택한 탈북자들은 살아남기 위해 서로를 이용하고 또 이용당한다. 전승철은 과연 남한에서의 삶을 견뎌낼 수 있을까?

〈이민자〉

멕시코 출신 불법 이민자 카를로스는 아메리칸 드림을 꿈꾸며 미국에 왔지만 하루하루 먹고사는 것조차 힘이 든다. 그러나 오직 아들 루이스를 위해 고단함 속에서도 열심히 살아간다. 성실하고 정직한 카를로스는 미국 국적을 취득한 여동생의 도움으로 합법적으로 중고 트럭을 구입하지만 불법 이민자라는 신분 때문에 등록도 면허도 갖지 못한다. 그는 더 나은 아들의 삶을 꿈꾸지만 결국 미성년 자녀에 대한 부양권조차 인정받지 못한 채 강제 추방을 당하게 된다.

〈반두비〉

민서는 자립심 강한 당돌한 여고생이다. 여름방학을 맞아 갖가지 아르바이트를 해보지만 수입은 신통치 않다. 어느 날 버스에서 민서는 방글라데시 출신 이주 노동자 카림의 지갑을 훔친 것으로 오해받아 그와 엮이는데, 1년치 임금을 떼먹은 사장을 찾아달라는 카림의 부탁을 울며 겨자 먹기로 들어주게 된다. 같이 밥을 먹고, 탁구를 치고, 노래를 부르면서 그들 사이의 거리도 좁혀진다. 민서에게 이 여름방학은 어떤 추억으로 남게 될까?

〈언더 더 쎄임 문〉

멕시코에서 외할머니와 단둘이 사는 아홉 살 소년 까를리토스는 로스앤젤레스로 일하러 간 엄마가 빨리 자신을 데리러오기만을 기다린다. 매주 일요일 오전 10시에 전화로 그리움을 달래는 까를리토스와 엄마. 갑작스럽게 외할머니가 돌아가시고 혼자 남게 된 까를리토스는 엄마를 찾아가기로 결심한다. 유일한 단서는 엄마가 전화를 건 공중전화. 까를리토스는 엄마를 찾아 1,500킬로미터의 긴 여행을 떠난다. 과연 엄마를 만날 수 있을까?

〈방가? 방가!〉

방태식은 막노동, 커피숍 아르바이트 등을 전전하며 살아온 백수다. 친구 용철의 조언으로 태식은 동남아라는 별명으로 불릴 만큼 이국적인 외모를 이용해 부탄 출신 노동자 '방가'로 가장하고 공장 취직에 성공한다. 낙방의 달인 방태식의 눈물겨운 좌충우돌 취업 성공기! 글로벌 시대를 정복한 변신의 달인 방가는 우리 가까이의 이주 노동자들에 대해서 생각하게 한다.

빈곤과 홈리스

〈천국의 아이들〉

테헤란 남쪽의 가난한 가정에 살고 있는 초등학생 알리. 심부름을 갔다가 한 켤레뿐인 여동생의 구두를 잃어버린다. 결국 알리의 운동화를 같이 신게 된 남매. 오전반인 자라가 수업이 끝나자마자 달려오면, 알리는 그 운동화를 신고 전력 질주한다. 운동화 한 켤레를 나눠 신느라 숨이 턱에 닿도록 골목을 누비는 남매. 며칠 후 전국 어린이 마라톤 대회의 3등상 상품이 운동화라는 사실을 알게 된 알리. 1등도 2등도 아닌 3등상을 알리는 받을 수 있을까?

〈아무도 모른다〉

도쿄 변두리의 작은 아파트에 젊은 엄마와 아이들이 이사온다. 아이가 넷이나 딸린 싱글맘이라는 사실이 발각되면 쫓겨날 것이 분명하기 때문에 엄마와 열두 살 장남 아키라는 동생들을 짐 속에 몰래 숨겨 들여온다. 아이들은 큰소리를 내지도 학교에 가지도 못한 채 집안에서만 갇힌 듯 살아간다. 그러던 어느 날 엄마는 아키라에게 동생들을 부탁한다는 쪽지와 약간의 돈을 남기고 사라져버린다. 이들 네 남매는 엄마 없이 살아갈 수 있을까?

〈스탠리의 도시락〉

외모, 공부, 노래, 춤까지 못하는 게 없이 완벽한 스탠리에게 단 하나 약점은 점심 도시락을 싸오지 못하는 것. 하지만 매일 도시락을 나눠주는 착한 친구들 덕분에 스탠리의 학교생활은 즐겁기만 하다. 그러나 식신 베르마 선생님은 도시락을 싸오지 않는 스탠리를 늘 탐탁지 않게 여긴다. 베르만 선생님은 급기야 도시락이 없는 학생은 학교에 나오지 말라는 불호령을 내리는데…. 스탠리는 다음 점심시간에도 도시락을 먹을 수 있을까?

〈홈리스 중학생〉

히로시는 평범한 중학생이다. 그러나 사업에 실패한 아버지가 느닷없이 '해산'을 선언하고 사라져 버리자 하루아침에 홈리스 신세가 되고 만다. 동네 공원에서 노숙을 시작한 히로시는 미끄럼틀 위에서 잠을 청하고 수돗물로 배를 채우다 허기가 지면 풀과 골판지 상자를 뜯어 먹는다. 일본의 개그맨 타무라 히로시의 자전적인 실화를 그려낸 이 영화는 거품 경제가 꺼진 뒤 극심한 빈부 격차가 대물림되는 현대 일본 사회의 모습을 보여준다.

〈노블리〉

노블리는 집 없이 떠도는 17세의 임신한 소녀다. 남자 친구 잭은 노블리를 오클라호마의 월마트에 버려놓고 자취를 감춘다. 수중에 아무것도 없던 노블리는 낮에는 월마트 밖에서 서성이다 밤이 되면 월마트에 잠입해 매장에 진열된 음식을 먹으면서 생활한다. 얼마 후 노블리는 월마트에서 아이를 출산하고 월마트 아기는 일약 스타덤에 오른다. 홀대할 것만 같았던 사람들이 그녀를 도와주면서 노블리는 다시 사회의 일원이 되어간다.

〈행복을 찾아서〉

의료기 외판원 크리스 가드너는 열심히 뛰어다니지만 한물간 의료기는 좀처럼 팔리지 않는다. 고된 생활에 지친 그의 아내마저 떠나버리고, 크리스와 그의 아들은 살던 집에서도 쫓겨나는 신세가 된다. 지갑에 남은 전 재산이라고는 달랑 21달러 33센트. 그러나 크리스는 끝까지 희망을 잃지 않는다. 노숙자 시설과 지하철 화장실을 전전하는 어려움 속에서도 그는 행복을 찾기 위한 마지막 기회에 도전한다.

건강과 안전

〈굿바이 마이 프렌드〉

덱스터는 어린 시절 수혈로 에이즈에 감염되었다. 불치병에 걸린 옆집 소년에 대한 호기심으로 담장을 넘은 에릭은 덱스터와 친구가 된다. 어느 날 에릭은 뉴올리언즈의 의사가 발명했다는 에이즈 치료약에 대해서 알게 된다. 이 약을 얻기 위해 뉴올리언즈로 가출을 감행한 에릭과 덱스터. 하지만 병약한 덱스터의 상태는 점점 나빠지고 세상을 떠나고 만다. 혼자 남은 에릭은 오히려 아픈 덱스터가 자신을 보호해주고 돌보아주었음을 깨닫는다.

〈대지진〉

1976년 7월 28일 중국 당산. 인류 역사상 가장 끔찍했던 23초간의 대지진이 한 가족의 운명을 송두리째 바꿔버렸다. 폐허가 된 도시, 수많은 생명이 죽음을 맞이한 아비규환의 현장에서 쌍둥이 남매는 극적으로 살아남지만 무너진 건물의 잔해 속에 묻히게 된다. 쌍둥이의 생존 사실을 알고 구조대와 함께 아이들을 구하러 온 어머니는 자신의 목숨보다 소중한 쌍둥이 중 한 명만을 구해야 하는 선택 앞에 놓이게 된다.

〈슈퍼 사이즈 미〉

한 달 내내 패스트푸드만 먹고 살면 몸이 어떻게 될까? 감독 겸 주인공인 모건 스퍼록은 자신의 신체를 대상으로 패스트푸드가 건강에 끼치는 영향을 실험한다. 그는 30일 동안 맥도널드의 메뉴만 먹고 마시며 다른 음식은 전혀 입에 대지 않는다. 하루 세 끼 맥도널드의 음식만 먹으면서 변화하는 자신의 신체를 기록하고 의사, 영양사, 전문가들의 비만에 대한 견해를 듣는다. 이 영화는 우리 삶에 파고든 패스트푸드 문화의 놀랍고도 솔직한 이면을 담고 있다.

교육

〈식코〉

영화 제작자이자 감독인 마이클 무어가 미국 민간 의료보험 조직의 폐해를 폭로하고 나섰다. 수익 논리에 사로잡혀 이윤의 극대화에 급급한 미국의 의료보험 제도는 돈 없고 병력 있는 환자를 의료 제도의 사각지대에 방치해서 죽음으로 내몰고 있었다. 지상 최대 낙원으로 선전되는 미국 사회의 의료 시스템을 캐나다, 프랑스, 영국, 쿠바 등의 의료 제도와 비교하면서 완벽하게 포장된 미국 사회의 허와 실을 밝힌다. 사람의 목숨으로 장사를 하는 기막힌 현장으로 들어가보자!

〈학교 가는 길〉

아프가니스탄의 여섯 살 소녀 박타이는 동네에서 책 읽는 소년을 보고 학교에 다니기로 결심한다. 학교에 가기 위해서는 연필과 공책이 필요하다는 말에 달걀을 팔았지만 공책밖에 살 수 없었고, 어쩔 수 없이 연필 대신 엄마의 빨간 립스틱을 들고 학교로 향한다. 설렘으로 가득 차 학교로 향하던 중 전쟁놀이를 벌이는 소년들이 나타나 빅타이를 위협하기 시작한다. 박타이는 무사히 학교에 갈 수 있을까?

〈책상 서랍 속의 동화〉

아픈 어머니를 돌보러 학교를 떠나는 가오 선생님을 대신해 대리 선생님이 된 웨이민치. 가오 선생님은 초등학교만 졸업한 열세 살의 웨이민치가 못미덥기만 하다. 가오 선생님은 '한 명의 학생이라도 도시로 떠나게 해서는 안 된다'는 특명을 내리고 떠나는데, 장휘거라는 학생이 말썽이다. 도시로 돈 벌러 가겠다며 사라진 장휘거. 웨이민치는 가오 선생님과의 약속을 지키고 도시로 떠난 장휘거를 학교로 데리고 올 수 있을까?

〈우리 학교〉

해방 직후 재일조선인 1세들은 후손들을 위해 자비로 조선 학교(우리 학교)를 세운다. 우리 학교의 학생들은 여느 10대들과 다름없이 명랑하고 밝다. 하지만 일본 우익 세력의 탄압으로 처음 540여 개가 넘었던 우리 학교는 현재 80여 개만이 남아 있다. 감독은 홋카이도 조선 초중고급학교의 교원, 학생들과 3년 5개월을 동고동락하며 애정 어린 시선으로 우리 학교를 카메라에 담아낸다.

〈칠판〉

이란과 이라크의 국경 지대에서 칠판을 등에 지고 산에 올라 외딴 마을의 학생들을 가르치는 선생님 리부아르와 싸이드. 산으로 양치기 소년을 찾아 나섰던 리부아르는 국경을 오가며 밀수품과 장물을 운반하는 소년들을 만난다. 마을로 내려간 싸이드는 고향으로 돌아가려고 길을 찾아 헤매는 노인들을 만나서 그들을 가르쳐보려고 하지만 별 소득이 없자, 호두 40알을 받고 국경까지 안내를 맡는다.

〈빌리 엘리어트〉

열한 살 소년 빌리의 형과 아버지는 광부다. 권투 연습을 하던 빌리는 발레 수업에 우연히 참여한 후 발레를 배우게 되고 천재성을 발견한다. 빌리의 춤을 본 아버지도 발레만이 빌리를 탄광에서 벗어나게 해줄 유일한 탈출구임을 깨닫는다. 빌리를 런던의 왕립발레학교로 보내기 위해 아버지는 죽은 부인의 유품을 전당포에 맡기고 파업 시위도 포기하는 등 헌신적으로 노력하기 시작한다.

〈굿 윌 헌팅〉

빈민가에 살고 있는 윌 헌팅은 수학 천재이지만 불우한 환경 때문에 대학 근처에도 가본 적이 없다. 폭행죄로 수감될 위기에 처한 윌의 천재성을 아깝게 여긴 램보 교수는 조건부로 윌을 석방시키지만, 윌은 쉽게 마음을 열지 못한다. 그러다가 심리학 교수 숀을 만나면서 달라지기 시작하는 윌. 숀은 깊은 애정을 가지고 윌에게 인생과 투쟁하기 위해 필요한 지혜를 가르쳐준다. 윌에게 어떤 미래가 펼쳐질까?

〈로빙화〉

대만의 어느 시골 마을. 초등학교 4학년인 아명은 누나와 아버지와 함께 차 밭을 가꾸며 어렵게 살고 있다. 아명의 취미는 틈틈이 그림을 그리는 것. 미술교사 곽 선생은 아명의 천재적인 소질을 발견하고 아명을 마을 대표로 미술대회에 출전시키려 하지만, 다른 교사들은 마을의 실세인 이장 아들을 대표로 뽑는다. 낙담한 아명은 그림을 포기하고 곽 선생은 아명의 그림 한 장을 가지고 학교를 떠나 국제대회에 출품시킨다.

환경

〈나무를 심은 사람〉

프로방스 지방의 어느 고원 지대. 사람들의 무분별한 욕망으로 마을은 전부 폐허가 되어 있다. 나무를 마구 베어낸 탓에 살벌한 바람만이 불어대는 버림받은 황량한 땅에 매일 나무를 심고 가꾸는 양치기가 나타난다. 그의 헌신적인 노력으로 숲은 맑은 강물이 흐르며 새들이 지저귀는 생명의 땅으로 되살아난다.

〈바람계곡의 나우시카〉

천년 후 지구는 황폐해진 대지와 썩은 바다로 뒤덮여 있다. 어느 날 소수의 인간들이 살고 있는 바람계곡 마을에 지구의 모든 생명체를 태워버릴 무시무시한 거신병의 알이 떨어지고, 거대 군사국의 군대는 이 알을 찾기 위해 막강한 군사력을 앞세워 바람계곡을 점령하러 온다. 자연을 정복하려 들수록 자연은 인간을 용서하지 않는다는 사실을 알고 있는 나우시카는 자연과의 전쟁을 시작한 인간들에 대해 자신의 몸을 던져 맞서기 시작하는데 ….

〈노 임팩트 맨〉

작가이자 환경 운동가인 콜린은 1년간 가족과 함께 지구에 무해한 생활을 하는 프로젝트를 시작하기로 결심한다. TV를 버리고 쇼핑을 끊고 대중교통을 이용하면서 시작되었지만 점차 지키기 어려운 것까지 하려 든다. 지역 농산물만 사 먹기, 전기와 일회용품 사용하지 않기, 쓰레기 배출 제로 등 지구를 아프게 하는 모든 것들은 절대 금지. 그러나 시간이 지날수록 가족들은 힘겨워하고 프로젝트는 위기를 맞게 된다. 그들은 이 프로젝트를 무사히 끝낼 수 있을까?

〈더 코브: 슬픈 돌고래의 진실〉

작고 평화로운 타이지 만. 매년 그곳에서는 2만 3,000마리 가량의 야생 돌고래가 무분별한 포획으로 죽어가고 있다. 타이지의 바닷가에서 자행되어온 무자비한 돌고래 학살을 막기 위해 수중 촬영, 녹음 전문가, 특수효과 아티스트, 세계적인 수준의 전문 잠수부들이 돌고래 학살을 은폐하려는 마을 사람들의 눈을 피해 현장으로 잠입한다.

〈지구〉

약 46억 년 전 행성 하나와 충돌하면서 지구는 태양을 향해 정확히 23.5도로 기울어졌다. 이 사건은 기적을 낳았다. 생명이 존재할 수 있는 완벽한 조건의 행성 지구가 탄생한 것이다. 북극곰, 아프리카코끼리, 혹등고래 등 지구에 살고 있는 수많은 생명체들은 매년 태양을 따라 멀고도 긴 여행을 반복한다. 점점 빨리 녹는 북극의 얼음도, 자꾸 넓어지는 아프리카의 사막도, 먹이가 사라지고 있는 남쪽의 대양도 반드시 건너야 한다. 오직 살아남기 위해.

〈불편한 진실〉

미국의 전 부통령이자 환경 운동가인 앨 고어는 지구온난화가 불러온 심각한 환경 위기를 전 인류에게 알리고자 지식과 정보가 축약된 슬라이드 쇼를 만들어 강연을 시작했다. 그가 이야기하는 지구온난화의 진행 속도와 영향력은 심각하다. 우리는 결국 평생의 터전과 목숨도 잃게 되리라고 그는 경고한다. 전 세계를 돌며 1,000회 이상 진행된 앨 고어의 환경 위기 극복 프로젝트! 지구온난화에 대한 가장 정확하고 위협적인 진실들을 만난다.

〈아마존의 눈물〉

9개월의 사전 조사와 250일의 제작 기간, 제작비 15억 원이 투입된 TV 다큐멘터리의 극장용 버전. 아마존의 원초적 에너지와 역동적인 생명력을 사실감 있게 담아냈으며, 각종 개발 등으로 본래의 모습을 잃어가는 아마존 강 유역의 모습, 그리고 그 속에서 살아가는 미접촉 원시 부족의 이야기를 통해 환경 파괴의 위험성을 경고하고 있다.

평화

〈웰컴 투 동막골〉

한국전쟁이 한창이던 1950년, 강원도 산골의 동막골에 우연히 국군, 인민군, 연합군이 모이면서 긴장감이 고조된다. 하지만 이들은 순박한 동막골 사람들에게 동화되어 우정을 쌓게 된다. 그러나 그것도 잠시, 전쟁의 긴장이 동막골까지 엄습한다. 동막골에 추락한 미군기가 적군에 의해 폭격됐다고 오인한 국군이 마을을 집중 폭격하기로 한 것. 이 사실을 알게 동막골의 군인들은 마을을 지키기 위해 유례 없는 공동작전을 펴기로 한다.

〈화씨 9/11〉

"가상이든 현실이든 전쟁이란 것에 승리는 없다. 전쟁은 끝없이 이어질 뿐이다."
텍사스 석유 재벌에서 미국 대통령이 된 조지 W. 부시 대통령과 그의 외교정책에 문제를 제기한 다큐멘터리. 마이클 무어 감독은 특유의 재치와 예리함으로 부시 대통령이 벌이는 미스터리한 일들을 들춰내면서 테러와의 전쟁이라는 명목 아래 감춰진 전쟁의 경제적 동기를 묻는다.

〈인 디스 월드〉

파키스탄의 아프간 난민 캠프에서 태어난 자말은 열두 살 소년 가장이다. 열심히 일해도 가난과 배고픔에서 헤어날 수 없는 고향에서 벗어나기로 결심한 자말은 사촌 형의 런던행 밀입국에 동행한다. 사람들이 밀입국 육로 여행의 위험에 대해서 거듭 경고하지만 더 나은 미래를 찾는 이들에게 이 길은 유일한 방법이다. 두 사람은 신에게 모든 것을 맡기고 위험천만한 여행을 향한 첫 발을 내딛는다.

〈호텔 르완다〉

1994년 르완다의 수도 키갈리. 대통령이 암살되면서 후투족과 투치족 사이에서 수십 년간 이어진 대립이 다시 시작된다. 후투족 자치군은 대통령 살해를 빌미로 투치족의 아이들까지 살해한다. 르완다의 최고급 호텔 지배인 폴은 투치족 출신 아내와 가족들의 안전을 위해 호텔로 피신한다. 이후 호텔로 수천 명의 피난민들이 모여든다. 전 세계도 외면한 잔혹한 학살 속에서 폴은 가족과 차마 버릴 수 없었던 1,268명의 이웃을 지키기 위해 힘겨운 싸움을 벌인다.

〈공동경비구역 JSA〉

긴장감이 감도는 공동경비구역에서 한 발의 총성이 울려 퍼진다. 연이은 총성 후에 남과 북은 한바탕 총격전을 벌인다. 남과 북이 살아남은 남한의 이수혁 병장과 북한의 오경필 중사를 각각 내세워 서로 다른 주장을 펼치면서 사건은 점점 미궁으로 빠져든다. 과연 공동경비구역에서는 무슨 일이 벌어졌던 것일까?

〈울지마 톤즈〉

의사로서의 평탄한 삶을 포기하고 사제의 길을 택한 이태석 신부의 몸과 마음은 아프리카에서 가장 척박한 땅, 톤즈로 향했다. 가난하고 병든 톤즈의 딩카족들을 위해 그는 병원과 학교를 지어 모든 이들을 돌보았다. 전염병으로 고생하는 환자들, 내전으로 인한 부상자들을 치료하며 틈틈이 학교 수업과 브라스 밴드 아이들에게 음악까지 지도했던 이태석 신부. 톤즈의 아버지, 의사, 선생님, 지휘자, 건축가 등 그를 칭하는 수식어는 그의 사랑만큼이나 무한했다.

세계 곳곳에 무수히 많은 청소년 단체가 있으며, 해마다 수백 개가 더 늘어나고 있다. 봉사활동과 사회운동에 참여하고 있는 단체의 명단을 책 한 권에 전부 다 싣는 것이 불가능할 정도로 많다. 여기서는 세계적으로 운영되고 있는 가장 큰 단체들과 청소년 네트워크 중 일부를 소개한다.

지역별 단체

〈라틴아메리카 청소년포럼〉
Latin American Youth Forum
orgs.tigweb.org/latin-american-youth-forum-flaj

〈아시아 청소년단체협의회〉
Asian Youth Council
orgs.tigweb.org/asian-youth-council

〈남아프리카 청소년단체협의회〉
South African Youth Council
orgs.tigweb.org/south-african-youth-council-sayc

〈유럽 청소년포럼〉
European Youth Forum
www.youthforum.org

〈태평양 청소년단체협의회〉
Pacific Youth Council
www.pacificyouthcouncil.org

세계 청소년 단체

〈세계청소년행동네트워크〉
Global Youth Action Network(GYAN)
gyan.tigweb.org
청소년이 주도하는 단체로서는 세계에서 가장 큰 단체 중 하나이다. 이 단체는 180여 개국에 있는 1만 개 이상의 네트워크 그룹을 연결한다. 사이트에 가면 '세계 청소년 운동 가이드'를 볼 수 있는데, 여기에는 세계적인 청소년 운동가 집단의 목록이 정리되어 있다. 또한 이 단체는 '세계 청소년 운동 어워드'와 관련된 사항을 발표하고, '세계 청소년 자원봉사의 날' 행사를 편성하는 일을 도우며, '새천년개발목표'를 달성하기 위한 활동을 지원한다.

〈테이킹아이티글로벌〉
Taking IT Global
www.tigweb.org
이 단체에는 200여 개국에서 긍정적인 변화를 일으키고 있는 청소년들이 소속되어 있다. 이 단체의 주요 활동은 어려운 문제들을 고민하는 지구촌 사람들을 서로 연결시키는 수단이 될 수 있도록 기술을 발전시키는 것이다. 따라서 이 웹사이트는 여러 가지 자료와 소통의 공간을 제공하는 일만을 한다. 다시 말해 청소년 단체의 목록이자 주요 쟁점들을 이해하는 데 참고할 만한 가이드로, 그리고 긍정적인 변화를 일으키고 있는 사람들과 (블로그나 게시판을 통해) 소통할 수 있는 장소로 기능하고 있다.

〈프리더칠드런〉
Free the Children
www.freethechildren.com
세계에서 가장 큰 청소년 네트워크 중 하나다. 45개 이상의 나라에서 100만여 명의 어린이와 10대들이 네트워크에서 실시하는 교육 및 개발 프로그램에 참여하고 있다. 이 단체는 청소년 운동가인 크레이그 키엘버거가 설립했으며, 지금까지 전 세계 병원에 900만 달러 이상의 의료 용품을 보냈다. 웹사이트에 방문해서 학교를 후원하는 방법과 위생 시설을 만드는 데 쓸 기금을 마련하는 방법, 작은 사업에 투자하는 방법 등 여러분이 힘을 보탤 수 있는 여러 가지 일에 대해 알아보자.

〈옥스팜〉

Oxfam International

www.oxfam.org

100여 개국에서 3,000여 명의 동료들과 함께하는 14개 단체의 연합이다. 이들은 가난과 질병 등 여러 가지 전 지구적인 문제에 대한 지속적인 해결책을 찾는 일을 한다. 이 단체가 후원하는 두 가지 프로그램은 '옥스팜 청소년 파트너십'과 '청소년 의회'이다. 청소년 의회는 사람들이 삶을 지속할 수 있도록 돕고 있는 청소년 지도자와 운동가들의 범지구적인 네트워크이다.

〈청소년벤처〉

Youth Venture

www.genv.net

청소년이 주도하는 단체를 새로 설립하려는 사람들을 돕고 있으며, 세계 각지에 사무실이 있다. 이 단체에서 벌이는 사회운동 공개 토론회에도 참여해보고, 쌍방향 활동 계획 등 여러분이 직접 단체를 시작하는 데 필요한 도구들을 찾아보자.

〈왁자지껄 청소년〉

YouthNoise

www.youthnoise.com

청소년 온라인 커뮤니티로, 청소년들이 여러 가지 문제에 대해 솔직하게 의견을 말하고 행동에 옮길 수 있는 기회를 제공한다. 웹사이트에서는 설문조사에 참여할 수도 있고, 여러분의 의견을 올리고, 클릭 한 번으로 간편하게 기부를 하고, 봉사 활동 기회를 찾아볼 수도 있다.

〈세계 YMCA〉

YMCA International

www.ymca.net

'세계 YMCA'가 진행하는 프로그램은 세계 120개국에서 4,500만 명의 사람들이 참여하고 있다. 'YMCA'는 청소년 및 가족들과 함께 견고하고 안전하며 건강한 공동체를 장려하는 일을 하고 있다. 이 단체를 통해 리더십 캠프에 나가거나 공동체 안에서 봉사 활동을 하거나 문화 교류에 참여할 수 있으며, 이 밖에도 여러 가지 다양한 참여 기회를 얻을 수 있다. 웹사이트에 접속하면 더 많은 정보를 볼 수 있다.

〈세계 YWCA〉

World YWCA

www.worldywca.org

1855년에 설립된 'YWCA'는 세계에서 가장 크고 오래된 단체 중 하나로 양성평등을 위해 일한다. YWCA의 프로그램은 125개국에 사는 2,500만 명의 여성과 소녀들을 돕고 있으며 그 밖에 인권과 평화를 위한 사회운동을 후원한다. 홈페이지에 한국 YWCA가 링크되어 있다. 건강, 사회 정의, 인도주의 실현을 위해 나라별로 YWCA가 벌이고 있는 활동에 대한 최신 정보도 찾아보자.

〈세계청소년단체협의회〉

World Assembly of Youth

www.way.org.my

전 지구적인 네트워크로서, 국가별 청소년단체협의회와 전 세계 모든 지역에 있는 단체들을 연결한다. 모든 대륙에서 총 110개의 회원 단체들의 활동을 연합시키고 있다. 또한 유엔에서 청소년 문제에 대해 조언을 하고 지원하는 일을 한다. 이 단체들은 인권, 청소년 대표권, 건강, 지역사회 발전과 같은 문제들을 다루고 있다.

〈빅브라더스 빅시스터스〉

Big Brothers Big Sisters International

www.bbbsi.org

위험한 환경에 있는 청소년들을 긍정적인 역할 모델과 연결해준다. 이 단체는 전 세계에 걸쳐 지부가 있으며, 1대1 멘토링, 인턴 연수, 그 밖의 지역사회 활동에 참여할 기회를 제공한다. 웹사이트에는 여러분이 참여할 수 있는 직책, 지역, 절차가 정리되어 있다 .

〈피스차일드 인터내셔널〉

Peace Child International

www.peacechild.org

영국에 본부를 두고 있는 '피스차일드'는 청소년들에게 평화, 인권, 환경 관련 계획을 수행할 수 있는 권한을 준다. 프로그램에는 교육과 통솔을 수행할 기회, 출판물을 제작할 수 있는 기회, '세계청소년회의'에 참석할 수 있는 기회도 포함되어 있다. 세계청소년회의는 일 년에 두 번 열리는 공개 토론회로 '새천년개발목표'를 달성하기 위한 청소년의 역할에 관해 논의한다.

〈국제청소년재단〉

International Youth Foundation

www.iyfnet.org

거의 70개 나라와 지역에 있는 기업 및 지부와 함께 청소년에게 교육의 기회를 주는 일을 하고 있다. 이 단체의 프로그램은 바람직한 건강 관리, 기술 훈련, 리더십 등 청소년들이 직업을 구하고 삶을 향상시키는 데 이용할 수 있는 기술들에 초점을 맞추고 있다. 온라인 사이트에 방문해서 단체의 활동을 어떻게 도울 수 있는지 알아보자.

〈국제청소년봉사단협회〉

International Association for National Youth Service (IANYS)

www.ianys.utas.edu.au

20년이 넘게 운영되고 있는 단체로, 유럽, 호주, 북아메리카, 아프리카의 청소년 단체를 연결한다. 웹사이트에 접속해서 전 세계의 동료를 찾고, 온라인 공개 토론회에 가입하고, 학회에 참여하는 방법에 대해서도 알아보자.

한국에도 많은 청소년 단체가 있다. 오랜 전통을 가진 봉사단체부터 최근에 생겨난 인권 운동 단체까지 다양한 청소년 단체를 알아보고, 관심이 가는 단체들에 대한 정보를 수집해보자.

청소년자원봉사 홈페이지 〈두볼넷〉

www.dovol.net

〈두볼넷〉은 한국청소년활동진흥원에서 운영하는 청소년 자원봉사 사이트이다. 〈두볼넷〉에서는 자원봉사 활동을 신청하고 확인서 발급까지 한 번에 할 수 있다. 또한 시도별 청소년 활동진흥센터들이 링크되어 있어 각 시도의 특색에 맞는 봉사 활동에 참여할 수 있으며, 다른 청소년들의 다양한 봉사 활동 경험담과 고민들을 나눌 수 있다.

청소년 인권운동 단체 〈아수나로〉

www.asunaro.or.kr

〈아수나로〉는 2004년부터 활동하기 시작한 청소년 중심의 인권운동 단체이다. 이 단체는 모든 청소년이 인권을 보장받을 수 있는 사회를 만들기 위해 청소년들이 중심이 되어 직접 행동을 통해 잘못된 것을 바로잡고자 한다. 청소년을 보호한다는 이유로 청소년들을 규제하고 통제하려는 교육 문화에 반대해 학생인권조례 운동을 적극적으로 벌이기도 했고, 전국 각 지역에 지역 모임을 운영하고 있어서 자신의 해당 지역 모임에 참여한다면 가까운 곳에서 작은 실천들을 만들어나갈 수 있다.

청소년 외국어 봉사 동아리 〈Meteor〉

www.meteorteens.com

〈미티어〉 주니어 팀은 고등학교 1~2학년생으로 구성되며, 매주 한 번씩 지역 공부방이나 아동 센터에 찾아가 저소득층 자녀들에게 영어교육 봉사 활동을 한다. 또한 대학생으로 구성된 〈미티어〉 시니어 팀과 함께 한 달에 한 번 단체 봉사를 한다. 학업에 치우쳐 심적 여유가 많지 않은 청소년들이 입시에서 벗어나 타인과 자아에 대해 보다 깊이 생각해볼 수 있는 기회를 가질 수 있다. 또한 일방향적 봉사가 아니라 청소년 자신의 역량 계발은 물론이며, 지역 사회에 공헌할 수 있는 기회도 누릴 수 있다.

〈청소년 환경사랑 생명사랑 교실〉

www.dongagreenhand.co.kr

〈청소년 환경사랑 생명사랑 교실〉은 청소년들이 환경 속에 살아 있는 생명을 내손으로 지킨다는 생명 존중의 정신을 배우기 위해 한국의 각 지역에서 캠프를 열며, 지역의 생태를 공부하고 토론하며 몸으로 체험하는 활동을 벌인다. 단순히 쓰레기를 줍는 환경 봉사 활동에서 벗어나고자 한다면 이 캠프에 지원해보는 것도 좋겠다. 온라인 접수 및 모집은 6월이며, 여름방학 중에 캠프를 연다.

〈동북아청소년환경네트워크 툰자〉

cafe.daum.net/unepyouth

〈청소년환경네트워크 툰자〉는 유엔환경계획(UNEP)의 세계 청소년 프로그램 가운데 하나이다. 2005년 1월에 만들어졌으며 중국, 일본, 한국, 몽골의 청소년 단체들을 발굴하여 네트워크를 만들어 활동한다. 환경, 인권, 여성, 개발, 안보, 청소년 교류에 관심이 많은 만 14세에서 24세 사이의 청소년이라면 누구라도 신청할 수 있다.

청소년 봉사 동아리 〈해피프렌즈〉

www.happyfriends.or.kr

〈해피프렌즈〉는 대한항공과 한국월드비전이 함께 꾸리는 청소년 봉사단체로서, 〈Cell 볼런티어 활동〉을 비롯하여 도움이 필요한 친구들과 함께하는 청소년 치료지원 프로그램, 사회의 소외된 이웃을 찾아가는 여름/가을 자원봉사대축제, 전 세계 기아의 아픔을 체험하는 기아체험 25시간 선발대 구성 등의 활동을 벌인다. 〈Cell 볼런티어〉는 대학생 리더 1명과 청소년 10명으로 구성된 Cell이라는 단위로 운영되며, 각 Cell들은 주제에 맞게 스스로 봉사 활동을 계획하고 활동하고, 5개의 Cell이 모여 지역별 해피프렌즈 자원봉사단을 구성하게 된다. 1년 동안 활동한 다음 우수 Cell로 뽑히면 월드비전에서 제공하는 해외 사업장 봉사 연수 특전으로 해외 봉사에도 참여할 수 있다.

〈대한민국청소년의회〉

www.youthassembly.or.kr

청소년들이 자신들의 목소리를 사회에 당당히 드러내고 청소년의 의견이 주장에 그치지 않고 정책에 반영될 수 있도록 다양한 활동들을 전개함으로써 청소년 자신들의 인권을 스스로 보호할 수 있도록 하기 위해 청소년들의 힘으로 세운 단체이다. 2년에 한 번씩 전국 청소년들이 참여하는 온라인투표를 통해 청소년 의원을 선출하며, 의장 1인과 부의장 2인으로 구성된 의장단의 통솔 아래 정치경제, 문화, 인권, 교육 등의 각 상임위원회를 구성하여 청소년들을 위해 필요한 법안은 무엇이 있을까 늘 고민한다. 매년 가을에 토론토에서 대회를 열며, 이 대회에 참가하는 참가자 전원에게 활동증명서를 발급해준다. 또한 청소년 비평단으로도 활동할 수 있는데, 1년 동안 매달 2개의 미디어 채널 비평을 '미디어비평' 게시판에 게시하며, 연간 2회 발행되는 '의회매거진'에 비평을 수록한다. 청소년 비평단으로 활동하면 매달 10시간의 '미디어 관찰 기간'을 기재한 봉사증명서가 발급된다.

〈품 청소년문화공동체〉

www.pumdongi.net

〈품〉이라는 이름의 청소년문화공동체는 청소년을 바라보는 우리사회의 문제 중심적이고 보호 중심적인 시각에 대한 반항으로부터 시작되었다. 1992년 설립 이래 청소년의 문화적 성장과 주체적 활동을 지원하는 활동을 해오고 있다. 그동안 청소년문화놀이터 만들기, 청소년문화기획단 운영을 비롯한 지역 문화 운동과, 청년문화실천아카데미와 같은 교육 활동, 한국-네팔 청소년문화교류 활동을 벌이고 있다. 주체적인 문화 활동에 참여해보고 싶은 청소년이라면 참여해보길 바란다.

〈무지개세상〉

www.ecorainbow.or.kr

〈무지개세상〉은 1993년 청소년 환경보호 실천 및 온라인 육성 사업과 국내 하천 수질 환경 보전을 위한 항공감시단을 운영하며, 사라져가는 자연생태의 아름다움을 영상물로 제작해 교육과 홍보에 앞장서고 있는 환경부 등록 비영리 민간 단체이다. 지구온난화 등 기후 변화 등으로 사라져가는 우리나라의 자연 생태계 및 고유 동식물을 영상으로 기록 보존하고 다큐멘터리 영상물로 제작해 생태계 보전의 중요성을 알릴 수 있다. 무지개기자단에 참여하기 위해서는 6주간의 기사작성법 훈련을 마친 후에 홈페이지에 기사를 올리고, 기사 평가 후에 정식 기자로 활동할 수 있다. 또한 환경항공단에 참여한다면 초경량 항공기를 이용한 하천 감시 활동을 벌여서 수질 오염 사고 예방 및 수질 환경 보전에 힘쓸 수 있다.

〈한국청소년야생동식물보호단〉
www.wap.or.kr
〈한국청소년야생동식물보호단〉은 전국의 들과 산과 바다에서 활동을 활발하게 펼치며, 후손들에게 깨끗하고 아름다운 자연을 물려주고자 야생 동식물 보호 활동을 펼치고 있다. 초등학교 3학년생부터 고등학교 2학년생까지 가입할 수 있으며, 학년당 10명 이상으로 구성된다. 야생동물들에게 직접 현장에서 먹이를 줌으로써 야생동물의 중요성을 직접 느낄 수 있으며, 희귀 야생 동물 생태와 서식지 생태를 탐방하기도 한다.

〈한국청소년단체협의회〉
www.ncyok.or.kr
국내 청소년 단체들의 자발적인 협의체로 창설되어 청소년 문제에 대한 정보 교환 및 상호 협력을 도모하고, 세계청소년기구와 연계하여 청소년 및 지도자들을 위한 연합 활동을 전개한다. 1966년에는 〈세계청소년단체협의회〉에 가입하였고, 〈아시아청소년단체협의회〉의 멤버이기도 하다. 이 단체에서는 〈청소년포털사이트〉(www.koreayouth.net)를 운영하고 있는데, 이 사이트에서 청소년과 민간 및 공공 청소년 기관들에 대한 정보를 모아놓고 있어서 청소년을 대상으로 한 공모전이나 청소년 행사 혹은 구인 구직까지 유용한 정보를 얻을 수 있다.

'세계시민교육'이란 빈곤과 굶주림, 질병, 물 부족, 환경오염, 전쟁, 재난, 재해 등으로 고통받는 이웃들의 아픔에 공감하고 더불어 사는 지구촌을 만들기 위해 다양한 지구촌 문제에 관심을 가지고 그 문제를 해결하기 위해 적극적으로 행동하는 세계시민 양성 교육이다. 국제개발협력교육이라고도 하며, 단체별로 이름과 내용이 다른 교육 프로그램을 운영 중이다.

〈굿네이버스 세계시민교육〉
www.f5.or.kr
아동과 청소년을 대상으로 온라인 세계시민교육 One-Heart를 열고 있다.

〈월드비전 세계시민교육〉
www.worldvision.or.kr
초중고를 위한 맞춤형 출강을 하고 있으며, 참여형 빈곤 캠페인인 '기아체험 24시'에 누구나 참여할 수 있다. 교원들을 대상으로 세계시민교육 연수를 진행한다.

〈월드투게더 세계시민교육〉
www.wtgcs.or.kr
초중고를 위한 맞춤형 출강을 하고 있으며, 성인들을 위한 세계시민교육 강사 양성과 교원 직무 연수를 진행한다.

〈코피온 지구시민교육〉
cafe.naver.com/2009academy
청소년과 대학생, 성인을 대상으로 '지구시민 아카데미'를 여는데, 여기에서는 강의와 토론, 해외 국제기구 견학, 토론회 및 회의에 참석할 기회를 주고 있다.

〈한국카리타스 지구시민교육〉
www.caritas.kr
기본적 욕구, 인권, 차별, 빈곤, 환경, 불평등한 무역, 평화, 나눔, 참여를 교육 이슈로 뽑고 있으며, 대상은 청소년과 성인이다.

〈한국 YMCA 지구시민교육〉
www.ymcakorea.org
교재개발과 지역아동센터에 출강하는 강사 양성 프로그램을 운영한다.

〈한마음한몸운동본부 지구시민교육〉
obos.or.kr
청소년과 대학생을 대상으로 독서 토론, 영화 시청, 기관 탐방, 캠페인 등을 한다.

〈아름다운가게 나눔교육〉
www.nanumedu.org
초중고를 위한 맞춤형 출강을 하고 있다.

〈위드 나눔교육〉
www.iwith.or.kr
아동, 청소년, 성인을 대상으로 참여형 빈곤 캠페인인 '드림백 캠페인'을 벌인다.

〈유니세프 지구촌시민교육〉
www.unicef.or.kr
청소년을 대상으로 지구촌 국제캠프를 열며, 초중고를 위한 맞춤형 강의를 진행한다.

〈굿피플 미래시민교육〉
www.goodpeople.or.kr
아동과 청소년을 대상으로 나눔 문화 형성을 위한 '캠페인굿피플' 청소년단을 운영하며 자원봉사 교육을 받고 참여할 수 있다.

〈서비스포피스 글로벌시민학교〉
www.sfp.or.kr
청소년을 대상으로 빈곤 캠프를 열고 있다.

〈기아대책 글로벌시민교육〉
blog.naver.com/kfhihappyv
아동과 청소년을 대상으로 참여형 빈곤 캠페인인 '한톨나눔축제'를 열며, 초중고를 위한 맞춤형 출강을 하고 있다.

10대 세상을 디자인하다

청소년이 만드는 28가지 행복한 변화

1판 1쇄 2013년 5월 6일
1판 6쇄 2021년 1월 20일

지은이 바바라 A. 루이스
옮긴이 정연진
감수 국제개발협력민간협의회 전지은 이지연
펴낸이 김수기

펴낸곳 소금창고
등록 2000년 12월 5일 / 제2015-000092호
주소 서울시 은평구 불광로 128, 302호
전화 02-393-1174 / **팩스** 02-393-1128
전자우편 hyunsilbook@daum.net / hyunsilbook.blog.me

ISBN 978-89-89486-77-0 (43330)

이 도서의 국립중앙도서관 출판예정도서목록(CIP)은
서지정보유통지원시스템 홈페이지(http://seoji.nl.go.kr)와
국가자료공동목록시스템(http://www.nl.go.kr/kolisnet)에서 이용하실 수 있습니다.
(CIP제어번호: CIP2013003720)